육아를 배우다

육아를 배우다

이요셉 지음

아이를 만나다

하나님께 맡기다

토기장이

모든 아이에게는
하나님이 심으신 특별한 마음이 있다고 믿습니다
그것은 바로 천국입니다

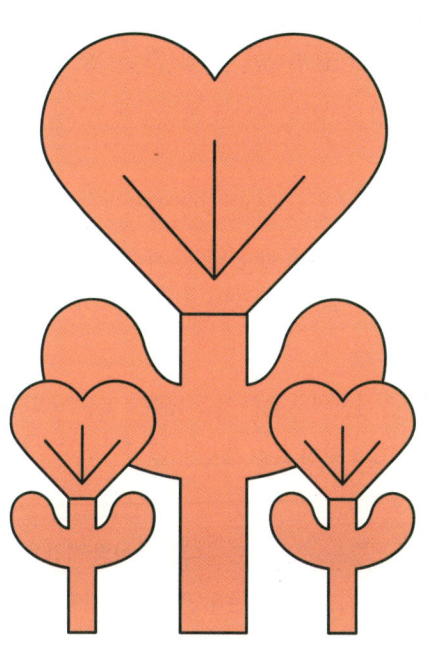

프롤로그

언젠가 선교사 자녀들을 인터뷰하는 방송을 진행한 적이 있다. 하나같이 남들은 알지 못하는 아픔과 상처를 가지고 있었다. 나는 그들이 "너는 이렇게 살면 안 되지!"라는 말을 들으며 보이지 않는 편견 가운데 살아가고 있다는 것을 알게 되었다.

아프리카에 우물을 만들 때 아내는 어린 딸에게 좋은 옷이 선물로 들어와도 그 옷을 입히지 못했다. 헐벗음과 굶주림 가운데 살아가는 그들에게 미안했던 것이다. 나는 아내에게 이렇게 말해 주었다.

"괜찮아. 당신은 아이에게 좋은 것을 해주고 싶은 엄마의 마음 그대로 자기 역할을 하면 되는 거야. 부담 갖지 않아도 돼."

엄마는 엄마의 역할을 하면 되고 아이는 아이의 시간을 보내면 된다. 나는 결혼을 하고 내리 6년을 공부했다. 신학대학원과 미술학 박사 공부를 이어갔다. 매 학기 20학점 이상의 수업을 들으려면 기본적으로 매주 읽어야 할 책과 리포트, 거기에 학기마다 텀페이퍼, 발표 과제와 시험 준비까지 산더미였다. 그리고 나머지 시간은 가장으로서 가정을 돌보고 작업과 사역을 이어갔다. 하루하루가 폭풍 같은 시간이었다. 당시 아내는 내게 궁금한 것이 있었다.

"나는 오빠가 공부하거나 과제를 하는 모습을 본 적이 없어."

아내가 신기할 만도 한 게 6년간 평점이 거의 4.3 정도 나왔다. 교수님들이 성적을 잘 주신 덕분이기도 하지만 기본적으로 출석이나 과제가 늦으면 받지 못하는 점수였다. 아내는 남편이 학교에서 점수는 잘 받아오는데 도무지 과제나 시험을 준비하는 모습을 본 적이 없어 궁금했던 것이다.

나는 아이와 아내가 잠들고 난 뒤에 혼자서 일어나 책상에 앉았다. 내가 그렇게 한 이유는 내가 의미 있다고 생각하는 공부와 사역이 우리 가족의 가장 중요한 일이 되어야 한다고 생각하지 않았기 때문이다. 물론 서로를 배려하거나 양보해야 하겠지만 내가 중요한 일을 한다고 해서 가족이 무조건 희생해야 한다면 그들은 거의 평생을 나를 위해 희생해야 할 것이다.

내게 사역을 하거나 작업을 하거나 공부하는 일이 중요하다면, 아이들이 일상을 보내며 웃고 뛰어놀거나 아빠 엄마의 얼굴을 바라보는 시간 또한 중요하다. 집에 돌아와서 얼마 되지 않는 시간을 겨우 함께 보내는데 내가 중요한 일을 앞두고 있다고 가족에게 희생 아닌 희생을 강요한다면 우리는 서로 얼굴을 마주 대할 일이 없을 것이다.

중요한 일이 나를 기다려 주지 않기에 그 일에 집중하는 것처럼 자녀들도 나를 기다려 주지 않는다. 내게 가장 중요한 일은 일이 아니라 아내와 자녀들이라는 것을 그들에게 알게 해주어야 한다. 그렇게 하지 않으면 가족을 위해 아빠는 수고한다고 말하지만 정작 가족은 아빠를 이기적이고 자기중심적이라고 판단할 것이다. 아빠에게 가장 중요한 것은 가족이 아니라 일이라고 평가할 것이다.

내가 중요한 시간을 보내는 만큼 아내도 아내만의 중요한 시간을, 아이들도 아이만의 중요한 시간을 보낸다는 것을 인정하는 것이 중요하다. 그렇게 각자가 자기 자리에 건강하게 서 있으면 그 시너지 효과로 서로가 건강하게 일할 수 있다. 그런 의미에서 내가 하는 사역이나 작업은 내가 혼자 하는 것이 아니라 우리 가족이 함께하는 것이다.

내가 아이들에게 대단한 일을 한 것은 없다. 아이의 얼굴을 마주 대하고 하루의 일상을 함께 나누며 기도하고 안아 주고 사랑했다. 그래서 이 책에서 말하는 이야기는 특별하거나 대단하지 않다. 그저 아이들이 자라는 기초이다.

우리 아이들은 남들보다 특별하거나 대단한 아이가 아니다. 여느 아이들처럼 사랑스럽다가도 고집불통이고 사이좋다가도 티격태격 다투고 배려하다가도 자기중심적인 모습을 보인다. 하지만 동시에 아이들에게는 하나님이 심으신 특별한 마음이 있다고 믿는다.

"어린아이들과 같이 되지 아니하면 결단코 천국에 들어가지 못하리라" 마 18:3

이 말씀은 무엇일까? 나는 아이들 마음에 있는 천국을 자세히 들여다보고 그것을 나누었을 뿐이다. 그것은 비단 우리 아이뿐 아니라 모든 아이에게서 발견할 수 있는 마음이라 믿는다.

차례

프롤로그

Chapter 1
아이와 함께 부모도 태어나다

- 023 생명이 태어나다
- 026 육아의 일상은 피곤하다
- 030 초보 아빠 엄마는 오늘도 묻는다
- 033 아이의 첫 말에 두근두근
- 035 하나님, 어떻게 아이를 길러야 하나요?
- 040 다 제 탓입니다!
- 044 동생에게 엄마를 빼앗기다
- 047 내 아이가 장애를 가진다면
- 052 아이에게 엄마가 전부이듯
- 054 아픈 아이를 품에 안고
- 058 인내의 시간을 통해 아이는 자란다
- 061 소명, 백일을 맞다
- 063 아이 하나의 놀라운 가치
- 065 솔직하게 말해 줘서 고마워
- 068 아이들이 예배에 반응하다

070	아이의 혼잣말에 "아멘" 하다
074	나는 실수 많은 남편이다
076	칭찬을 아낄 이유는 없다
080	우리 아내는 여전히 예쁘다
	◇ 엄마의 고백

Chapter 2
아이의 마음이 외치는 소리를 듣다

087	아이의 울음에는 이유가 있다
090	결핍이 늘 아픈 것만은 아니다
093	아빠, 예수님이 계시니까 괜찮아
095	왜 아이들 말은 안 듣는 거야!
098	내가 동생을 지켜 줄 거예요
100	아이에게 주신 예수님 마음
102	부모는 언제나 자녀의 일로 자책하기 마련이다
105	아이처럼 소리 내어
107	아빠는 꼭 예수님 같아
109	왜 동생을 더 예뻐해?
111	아프면 울어도 괜찮아
113	음식 부성을 부리나
118	내가 동생 대신 맞을게요
120	아빠 품에서 성경 읽는 아이
123	이 말씀이 좋아
125	아이가 선사하는 웃음
126	오늘이라는 유효기간을 가진 행복

128	유치원에서도 기도하고 싶어요
130	하나님은 우리 친구잖아요
132	아이가 괴물이 되더라도
134	하나님이 세상에 어디 있나?
136	엄마가 미안해
140	아픈 기억 모두 지워 줄 수 있다면
142	지금 아니면 언제
144	아빠가 쉬는 시간을 갖게 해주세요
146	왜 자꾸 지는 거야?
148	모든 문제에도 불구하고
150	아이들도 억울할 때가 있다
154	혼자만의 시간을 갖게 된 아내
	◇ 엄마의 고백

Chapter 3

마음의 진심은 아이를 꽃피운다

163	육아는 지식이 아니다
165	아이와의 평범한 일상이 선교지가 되다
168	갈등이 풀리고 질서가 세워지기까지
170	야단을 치기도 하지만
174	아이가 살아갈 미래에 대한 막연함
177	아이는 항상 변한다, 희망을 향해
180	아이는 어른을 흉내 내며 배운다
183	첫째와 둘째를 키울 때 느끼는 마음
186	늘 나를 반겨 주는 아이들

188	부모도 함께 자라난다
191	아이의 말을 주의 깊게 들어보면
197	동굴이 기도실로 변하다
200	개굴개굴하는 사랑스러운 기도 소리
203	아이야, 끊임없이 상상하고 질문하렴
206	아이의 마음에 들어가면 예수님을 만날 수 있을까
208	눈물을 뚝뚝 흘리며
212	그냥 죽었구나 생각하면 된다
216	아빠는 항상 그랬으니까
218	나는 사랑에 빠졌어요
221	예수님이 마음에 노크하실 때
226	나는 나보다 아빠가 더 좋아요
228	아이는 또 다른 우주이다
230	아이에게 줄 수 있는 최고의 선물
232	아이의 비밀수첩, 그리고 천국의 비밀
235	아이는 누구나 특별하다
	◇ 엄마의 고백

Chapter 4
그러나 부모라는 이름은 여전히 무겁다

241	엄마는 아름답다
244	아이에게 가장 좋은 것은 무엇일까
248	다 너를 위한 일이야
251	아이들은 부모 신앙의 방해꾼이 아니다
254	함께하는 모든 시간이 아이에게 스며든다

256 아이의 언어를 배우다
260 부모는 아이의 빈 시간을 가로채지 않는다
262 부모로서의 책임감이 삶을 짓누를 때
265 지금 이 순간, 우리는 주님의 주권 아래 있다

육아에 대한 Q&A

272 어떻게 하면 어릴 때부터 말씀을 가까이하게 할 수 있을까?
273 어떻게 하면 우리 가정의 신앙문화를 만들 수 있을까?
274 어떻게 신앙교육을 하면 좋을까?
276 어떻게 하면 포기하지 않고 가정예배를 꾸준히 드릴 수 있을까?
278 무조건 부모의 명령을 따르게 하는 것이 좋을까?
279 아이를 재우는 시간을 어떻게 보내면 좋을까?
280 어떻게 아이를 훈육하면 좋을까?
283 어떻게 하면 밥 잘 먹는 습관을 들일 수 있을까?
284 아이들과 함께하는 놀이에는 어떤 것들이 있을까?
286 텔레비전 프로그램은 어떻게 선별해서 보여 주면 좋을까?
287 고집을 부리고 짜증이나 화를 낼 때 어떻게 반응하면 좋을까?
288 아이들이 장난감을 사달라고 할 때 어떻게 반응하면 좋을까?
289 아이들에게 하고 싶은 것과 해야 하는 것을 어떻게 구분해 줘야 할까?
291 아이의 문제가 당장 해결되지 않아 조급해질 때 어떻게 하면 좋을까?
292 바빠서 아이들을 볼 시간조차 없을 때 어떻게 하면 좋을까?
294 아이들과 여가 시간을 어떻게 보내면 좋을까?
295 육아에 대한 남편과 아내의 생각이 다를 때 어떻게 조율하면 좋을까?
296 싫어했던 부모님의 행동을 아이에게 똑같이 되풀이하고 있는 나, 어떻게 하면 좋을까?

297 남편이 육아에 전혀 신경을 쓰지 않는데 어떻게 하면 좋을까?
299 편부모 가정에서 어떻게 상처 없이 아이를 키울 수 있을까?
300 지금까지 아이를 잘못 기른 것 같다. 이제라도 돌이킬 수 있을까?
301 어떻게 언제부터 교육해야 할까? 선행학습은 꼭 필요한 것일까?
303 아이의 미래를 위해 어떤 특별한 교육이 필요한 것일까?
305 아이들끼리 심하게 싸우는데 어떻게 하면 함께 잘 지낼 수 있을까?

에필로그

Chapter 1

아이와 함께
부모도 태어나다

"하나님, 어떻게 아이를 길러야 하나요?"

초보 아빠와 엄마는
지금 제대로 가고 있는지 주님께 묻는다

생명이 태어나다

출산 예정일을 며칠 앞두고 미루었던 서울대공원 나들이를 다녀왔다. 아이를 낳고 나면 한동안 아무것도 못할 것 같아서였다. 하루 종일 사자와 호랑이를 보고 즐거워하던 아내는 그 넓은 동물원을 발로 꾹꾹 밟아가며 걸어 다녔다. 맛있는 저녁을 먹고 영화 한 편까지 다 보고 잠자리에 누웠는데 새벽부터 진통이 시작되었다.

나는 도대체 무엇을 어떻게 도와야 할지 몰라 당황스러웠다. 아픔을 둘로 쪼개어 나누면 좋으련만 그렇게 할 수 없어 마음이 아팠다. 그 마음이 너무 아파서 아내의 손을 잡고 울었다. 병원으로 가는 차 안에서 도리어 아내가 나를 위로하며 말했다.

"괜찮아, 오빠. 그냥 오늘은 죽었구나 생각하면 되는 거야."

온유가 태어날 즈음, 분만실 앞에 적힌 "여기서는 신발을 신지 않습니다"라는 문장을 눈물 가득한 눈으로 읽으며 입으로는 "아버지"만을 되풀이했던 것 같다.

치열한 전쟁을 치르고 받아낸 핏덩어리를 손으로 조심스레 물로 씻어 주며 찬양을 불러 주었다. "너는 시냇가에 심은 나무라…." 옆에서 도와주던 간호사도 함께 불러 주었다. 한 생명이 태어나는 과정이 그렇게 모질고 고된 것임을 새삼 깨달았다. 엄마가 죽음의 고통을 맛본 후에야 아이는 세상의 빛을 만나게 되었다.

아이를 낳은 것은 아내인데 내가 왜 그리 피곤했는지 모르겠다. 태어난 온유를 축하해 주기 위해 멀리서 손님들이 찾아와 주었다. 본의 아니게 아내는 식사할 겨를도 없이 아픈 몸을 추스르고 손님맞이를 했다. 안되겠다 싶어 방문하기로 한 분들에게 연락해 다음 기회에 뵙자고 말씀드렸다.

모두가 떠나고 병실이 조용해졌다. 그제야 나는 막중한 임무를 부여받은 병사처럼 어깨에 잔뜩 힘을 실은 채 신생아실에서 온유를 인도받아 아내가 누워 있는 방으로 향했다. 그 조그만 손과 발, 가누지 못하는 목…. 바람이라도 불면 온몸이 으스러질 것만 같은 작고 가냘픈 생명이 신비로웠다.

"하나님, 이 아이를 우리 힘으로 어떻게 길러낼 수 있을까요? 당신이 맡기신 선물, 보물처럼 귀하게 맡아 기르겠습니다."

육아의 일상은 피곤하다

태어난 지 얼마 안 된 온유는 두 시간마다 울고 먹고 싸기를 반복했다. 그 때문에 아내뿐 아니라 나도 병든 닭처럼 쉬지 못해 기운이 없었다. 작업뿐 아니라 몰아치는 과제들로 잠이 부족했던 나는 수업 시간에 꾸벅꾸벅 졸곤 했는데 이런 내가 안타까워 보였는지 선배가 조언을 해주었다.

"육아에 관한 부분은 아내에게 완전히 일임하고 수면을 위해 각방을 사용하도록 해. 너는 맡겨진 하나님의 일에 더욱 집중하는 게 좋을 것 같아."

선배의 조언이 무엇을 말하는지도 알고, 또 그렇게 하는 것이 효율적이라는 것도 알지만 나는 아내의 수고를 함께 하고 싶었다. 아내의 진통과 산통을 보았고 함께 눈물 흘린 것처럼…. 나는 반복되는 육아의 일상이 얼마나 피곤한지를 충분히 느낀 후에 다시 내 자리를 찾아가도 늦지 않으리라 생각했다.

사실 내가 할 수 있는 일은 거의 없었다. 기저귀를 치운다거나 물을 떠다 주는 등 아주 작은 심부름을 도울 뿐이었다. 그럼에도 이 시간을 보내는 이유는 아내를 사랑하기에 아내의 곁을 지키려 애쓰는 것이다. 물론 아내를 사랑하기에 내가 있어야 할 자리로 돌아가야 하는 것이기도 하다.

"네가 있기에 내가 하나님 나라를 꿈꾸며 애쓸 수 있어."

이렇게 말하려면 아내가 어떤 시간을 보내고 있는지 나도 알아야 한다. 사소한 일상의 반복을 통해서 나 혼자만의 노력이 아니라 함께 하나님의 나라를 이루어 가는 것이다.

많은 이들이 사역이나 자아 성취를 위한 목표를 향해 달려간다. 하지만 거기에 몰두해서 효율성만을 따지면 작은 것들을 놓치게 된다. 거대한 비전을 향해 달리다가 서로 부딪치거나 넘어져 생기는 마음의 상처들이 얼마나 많은지 모른다. 다친 상처를 어루만질 새도 없이 효율과 비전을 붙들고 목표점을 향해 쉬지 않고 달려가지만, 과연 그렇게 하는 것이 효율적인 경기 운영일까?

이런 작은 상처들은 마치 우리 몸 안의 작은 혈관들 같아서 간과하면 결국 몸에 큰 병이 생긴다. 작은 문제로 인해 사명까지 놓치고 마는 결과를 초래할 수 있다. 물론 반대도 마찬가지다. 자신의 가정과 자신에게 속한 것만을 지키려고 애쓰고 신경 쓰다 보면 보다 큰 뜻과 목표와 사명에 대해 소홀해지기도 한다. 우리는 발톱의 때만을 주목하지 않아야 한다. 사탄은 우리의 시선을 자신의 발톱으로 이끄는 데 선수이기 때문이다.

부부가 한 몸이라면 아내 없이 나는 아무것도 할 수 없다. 서로가 다른 시간을 살아가지만 같은 마음을 품고 살아가기 위해서는 즐겁고 신나는 시간뿐 아니라 지치고 힘든 시간도 공유해야만 한다.

지금 당장은 효율이 떨어져 보이지만 주님이 우리에게 허락하신 인내의 시간을 기쁘게 걸어갈 것이다. 그렇게 할 때 우리는 같은 마음을 품고 더 오래, 더 멀리 걸어갈 수 있을 것이다.

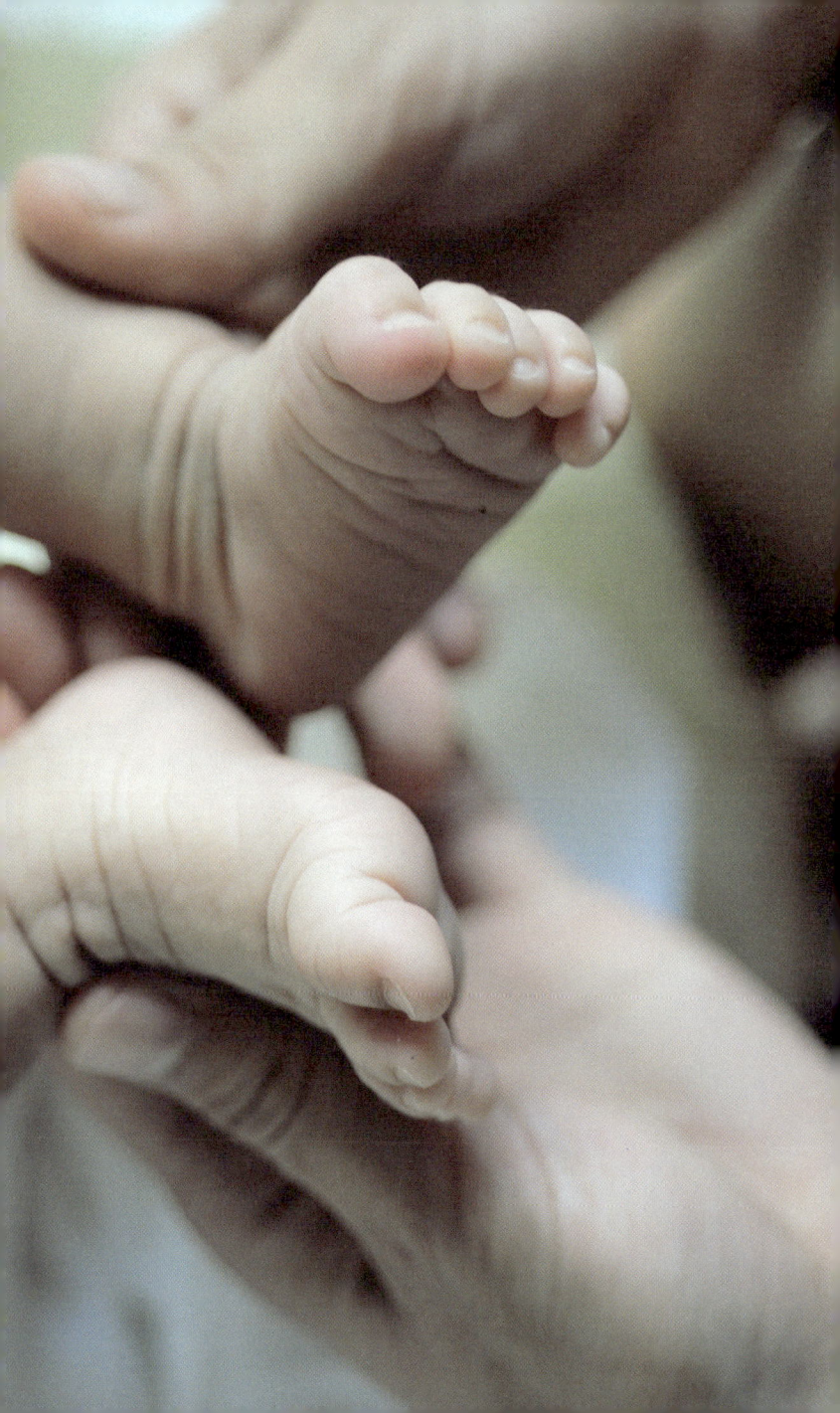

초보 아빠 엄마는 오늘도 묻는다

결혼을 하면서 내가 기도했던, 막연했지만 절실했던 기도는 하나님 아버지의 마음 알기를 구하는 것이었다. 당시 막연하게 기대했던 시간은 내 아이를 낳아 기르며 아비의 입장에 섰을 때였고 그때가 바로 지금이다.

아이를 안고 집으로 돌아와서 처음에는 어떻게 해야 할지 몰라 씻기는 일 하나에도 당황하기 일쑤였는데 점차 요령이 생겨 익숙해지기 시작했다. 그런데 생각보다 어려운 일은 모유를 먹이는 일이었다. 나는 출산하면 아이가 자동으로 엄마 젖을 먹고 자라날 줄 알았나 보다.

병원에서 주는 젖병에 길들여진 온유는 도무지 엄마 젖을 쳐다보지 않았다. 힘들게 빨아야 하는 엄마 젖에 비해 젖병이 더 쉬웠던 것이다. 익숙함에 길들여진다는 것이 얼마나 무서운 것인지를 새삼 깨달았다.

마음을 단단히 먹은 아내는 두 시간 가까이 아이와 전쟁을 치렀다. 온유는 울다 지쳐 잠이 들었고, 그제야 긴장이 풀린 아내는 온유를 바라보며 한참을 울었다. 아이에게는 모질게 보이는 엄마이지만 한없이 약한 존재가 또한 엄마이다.

배고파서 울고 있는 아이를 보고 있노라니 심장이 타들어 가는 듯했다. 아이의 울음 앞에 한없이 무너지는 내 마음을 보며 내가 아이를 얼마나 사랑하는지 깨달았다.

"모유 수유를 하니까 머리끝부터 발끝까지 찌릿하며 얼마나 아픈지 몰라. 젖병이나 다른 도구들이 그 아픔을 대신해 줄 수 있으니 포기해 버릴까 하는 갈등도 생겨. 그런 도구들이 엄마의 마음을 헤아린 상업성과 잘 맞물려 있는 것 같아. 또 모유만으로는 부족할 것 같다는 생각에 두려움도 느껴.

그런데 문득 이런 마음이 드는 거야. '하나님이 그렇게 우릴 만드셨잖아.' 몇천 년이 넘는 세월 동안 우리가 그렇게 길러져 왔잖아. 오빠, 하나님이 우리를 그렇게 만드셨다고 생각하니 '나도 할 수 있겠다'라는 확신이 생겨.

요즘 아파서 말수가 많이 줄었어. 며칠만 기다려 줘."

우린 묘한 존재를 알아가고 있다. 아이의 울음에 함께 울게 되고 아이의 웃음에 함께 웃게 된다.

새벽 3시가 넘도록 온유와 씨름 아닌 씨름을 하다가 아내는 결국 배고파 우는 아이를 보고 마음이 아파서 져 주었다. 자식 이기는 부모 없다는 말을 생후 며칠도 안 된 아이를 보며 실감하고 있다. 자식을 위하는 부모의 마음은 당장에 배고파 우는 아이에게 양보할 수밖에 없는 것이다. 비단 이뿐일까 싶다.

유축기를 사용해서 모은 모유를 듬뿍 먹은 온유는 기분 좋게 잠이 들었고, 그제야 지쳐 있던 아내도 옆에서 잠을 청했다. 심한 전쟁을 치르고 잠든 아내의 이마에 땀이 송골송골 맺혀 있었다. 그 땀을 닦아 주려는데 무슨 꿈을 꾸고 있는지 아내의 눈에서 눈물 한 방울이 길게 흘렀다.

아이의 첫 말에 두근두근

첫돌이 지나면 아이들은 조금씩 말을 알아듣고 배우기 시작한다. 그리고 몇 가지 단어를 사용해서 의사전달을 한다.

"아빠" "엄마" "시여(싫어)" "조아(좋아)" "아내(안 해)" "뽀(뽀로로)"

이런 식으로 의사소통이 되면 아이가 얼마나 대견스러운지 모른다.

그러다가 어느 순간부터는 짧은 문장으로 말을 하기 시작한다. 옆집에 사는 형제는 각각 첫 번째 문장으로 "불 꺼", "밥 줘"를 말했다고 한다. 그렇게 문장으로 말하면 아빠 엄마는 아이를 다 키운 것처럼 기쁘다.

언젠가 이스라엘에 촬영을 떠난 적이 있다. 온유는 아빠가 3주는 지나야 온다는 것을 다 아는 듯한 표정으로 손을 흔들었다. 예루살렘에 있는 보카치오라는 식당에서 집으로 전화를 걸었을 때, 아내가 흥분된 목소리로 말했다.

"오빠, 오빠, 온유가 말을 했어!"

"온유는 원래 말을 했잖아."

"아니, 그런 말 말고 문장으로 말했다고."

"정말? 무슨 말을 했는데?"

"잠깐만 기다려 봐. 온유 바꿔 줄게. 잘 들어 봐."

"응, 온유야. 아빠야, 아빠는 온유 보고 싶어."

"……."

"온유야, 말해 봐. 온유야, 아빠야."

"아빠 조아. 아빠 제일 조아."

지구 반대편에서 들리는 딸의 짧은 말에 주르륵 눈물을 흘렸다.

온유가 내게 전해 준 첫 문장 "아빠 제일 좋아". 내 인생에 누가 이런 선물을 할 수 있을까? 지금도 그때 그 두근거림을 생각하면 마음 한편이 아릿하며 따뜻해져 온다.

하나님, 어떻게 아이를 길러야 하나요?

온유가 조금 자랐다고 제법 고집이 생겼다. 그래서 아빠 엄마와 실랑이를 벌이다가 겨우 잠이 들었다. 잠든 아이를 보며 하나님께 묻고 또 물었다.

"하나님, 어떻게 아이를 길러야 하나요?"

하나님은 이 질문에 대한 답을 우리 가정의 시작점에 알려 주셨다. 나는 과연 이 가정의 반듯한 가장인가? 남편으로서 또는 아빠로서 자격 있는 사람인가? 내가 나 자신을 볼 때도 유약하기 짝이 없는 사람이었기에 결혼 초, 더욱 하나님께 매달렸다.

"하나님, 아내에게 저는 어떤 남편인가요? 주님의 은혜 없이는 살 수 없습니다."

그렇게 하나님과 씨름했기에 지금 이 기도의 응답으로 살아가고 있는지 모르겠다.

부부가 서로에게 부족함을 느끼는 이유는 스스로 자족할 수 없는 존재라는 반증이기도 하다. 여러 가지를 통해 만족을 얻는 것 같지만 그 만족은 그리 오래가지 않는다. 그리고 더 큰 만족을 구하게 된다. 사람에게 만족을 구하면 줄 수 없는 사람도, 얻지 못하는 사람도 자신의 무능력과 결핍으로 고통받게 된다. 사람으로는 불가능하다. 오직 하나님만이 사람의 빈자리를 채우실 수 있다. 하나님이 나와 함께하시면 천막 아래 살아도 만족하지만, 하나님이 나와 함께하시지 않는다면 궁정에 거해도 만족할 수 없다. 부부 사이에 하나님의 은혜가 필요한 것처럼 자녀에게도 동일하다고 믿는다.

부모의 습성과 틀, 고집대로 아이를 기르면 결국 아이를 향한 하나님의 뜻과 엇박자를 이루게 된다. 어느 정도의 기간까지는 물리적으로 아이를 누를 수 있고 부모가 아이의 결핍을 채울 수 있는 것 같지만, 사람이 사람을 온전히 변화시킬 수는 없다. 그것이 육신의 부모가 가지는 한계이다. 누가 진정한 아빠인가? 하나님이 우리의 아버지 되시며 우리는 그분의 자녀이다. 이 진리가 우리의 결핍을 채울 수 있는 열쇠가 된다.

하나님의 아버지 되심. 흔히들 쉽게 이야기하지만 어찌 쉬운 이야기가 될 수 있을까? 또 그렇다고 너무 어려운 이야기일까? 하나님이 우리의 아버지가 되시기까지의 과정은 피비린내 나는 수고와 사랑이 묻어 있지만 우리에겐 이미 주어진 결과이다. 그러므로 우리는 자녀로서 그에 합당한 삶을 살아가야 한다.

육신의 부모는 자녀의 필요를 모두 채울 수 없다. 내가 자녀를 사랑하고 아내를 사랑한다고 해서 그들의 필요를 모두 채울 수는 없다. 절대로 그렇게 하지 못한다. 하지만 주님은 그렇지 않으시다. 내 아버지 되신 하나님은 그렇지 않으시다. 하나님 아버지는 완전하고 절대적인 최고의 사랑으로 나를 사랑하신다. 그 사랑은 지금도 여전하다. 다만 우리가 알지 못할 뿐이다.

"하나님, 어떻게 자녀를 길러야 하나요?"

하나님은 이 질문에 대한 답이 바로 그분 자신이라고 말씀하신다.

"우리 자녀의 진정한 아버지는 하나님이십니다."

그래서 하나님께 묻고 또 묻는다. 주님의 말씀 위에 서지 못해 매일 회개하는 우리에게 주님은 그 회개를 통해 다시금 천국이 임할 것을 약속하신다.

"한 가정의 가장으로 세워 주셔서 살아가고 있지만, 주님께서 가르쳐 주지 않으시면 저는 아무것도 할 수 없습니다. 이 가정을 잘 섬길 수 있도록 기름 부어 주세요. 저희 아이가 하나님을 아빠라 부르며 오직 주께만 인생의 답이 있다고 믿고 순종할 수 있도록 인도해 주세요."

다 제 탓입니다!

갓난아이 온유도 쉽지 않았지만 갓난아이 소명이도 마찬가지였다. 모유 수유를 시작하고부터 아내의 가슴에 상처가 생겨 피가 나기 시작했다. 그래도 그 아픔은 참을 각오가 되어 있었는데 진짜 참기 힘든 고통은 다른 데서 찾아왔다. 저녁부터 갑자기 모유가 나오지 않는 것이다. '자고 일어나면 괜찮겠지' 하고 생각했는데 하루가 다 지나도록 차도가 보이지 않았다.

출생 신고와 밀린 업무를 정리하기 위해 산후조리를 하던 처갓집에서 나와 오랜만에 집에 들어왔다. 잠시 떨어져 있는 아내에게 차도가 있는지 안부전화를 했다.

"너무 걱정하지 마. 기다리면 좋아지겠지."

다시 만 하루가 지났지만 아무 차도가 없었다. 수화기 너머로 소명이의 울음소리가 들렸다. 순간 아직까지 무릎 꿇지 않는 영적 교만을 깨달았다. 나는 우산을 꺼내들고 비 내리는 동네를 한참 걸으며 기도했다. 그제야 눈물이 났고 이런 고백이 흘러나왔다.

"저희 가족이 아픈 것은 다 제 탓입니다. 주님 용서해 주세요. 제가 잘못했습니다. 주님의 날개 그늘 아래서 주님의 긍휼을 구합니다."

가장은 가족을 대표한다. 남편은 아내의 머리이며 아버지는 자녀들의 머리이다. 능력이 있든 없든, 권위가 있어 보이든 그렇지 않든 그것은 영적인 원리이다.

비 오는 놀이터 가운데 서서 찬양을 불렀다.

"내가 죽지 않고 살아서 여호와의 영광을 선포하리라."

이 찬양은 시편 118편을 배경으로 한다. 시인은 적들에게 둘러싸여 있다. 연합군들이 그를 벌떼처럼 에워싸고 있다(12절). 이런 절대절명의 순간에 사람들은 자신의 수를 찾는다. 수가 하나도 보이지 않을 때는 사람을 찾는다. 권세 있는 누군가를 찾는다. 하지만 시인은 이렇게 고백한다.

> "여호와께 피하는 것이 사람을 신뢰하는 것보다 나으며
> 여호와께 피하는 것이 고관들을 신뢰하는 것보다 낫도다"
> 시 118:8-9

말로는 이렇게 고백하지만 과연 이렇게 살아가는가? 기도하는 것보다 당장 능력 있는 사람을 좇는 게 옳지 않을까? 이미 내 능력을 벗어난 문제들 앞에서 어떻게 행동해야 할까? 그나마 도울 사람조차 없을 때, 아무것도 할 수 없을 때, 사람들이 선택하는 것은 그저 지켜보는 것이다. "어떻게 되는지 지켜보자." 말 그대로 포기해 버리는 것이다.

하지만 기도는 포기하는 것이 아니다. 기도는 하나님을 향한 항복이다. 내 주권을 놓지 않으면서 주님의 주권만 빌리겠다는 것은 하나님의 이름으로 자신의 목적을 이루는 것과 같다. 나의 한계를 인정하고 주님의 권세 아래 무릎 꿇고 그분께 항복하는 것이 기도이다. 하나님은 나를 도우시는 분이다. 여호와는 나의 능력이시며 나의 노래이시며 나를 구원하여 주시는 분이다(14절).

아내에게 다시 전화를 걸어 염려하지 말라고 다독이며 기도했다. 수화기 너머로 아내의 숨소리가 들려왔다. 그 소리마저 위로해 주고 싶었다. 언젠가 아내가 내게 말한 것처럼 결코 편치 않은 이런 시간들로 인해 우린 누군가를

위로해 줄 수 있으리라. 위로할 수 있는 자격을 얻을 수 있으리라.

"이런 시간을 허락해 주신 주님, 감사합니다. 주님만 영광 받으시기를 원합니다."

동생에게 엄마를 빼앗기다

온유가 잠을 자다가 잠꼬대를 했다.

"이거 온유 꺼, 이거 온유 꺼, 이거 다아 온유 꺼~"

도대체 꿈에 무슨 일이 있었는지 모르겠지만 온유의 스트레스가 상당하다는 생각이 들었다. 잠든 모습은 이렇게 천사같이 예쁜데 깨어 있는 동안에는 내내 투정을 부렸다. 동생 소명이를 집으로 데리고 온 며칠간, 온유는 배변 훈련도 엉망이 되어 다시 기저귀를 차야 했다. 산부인과 병원에 있을 때는 가끔씩 소명이를 보면 되었지만 지금은 젖먹이 동생이 엄마를 독차지하고 있다. 누군가의 말처럼 본부인에게 첩을 데리고 와서는 "내가 사랑하는 사람이니 너도 잘 대해 주라"라는 격이다. 온 가족의 사랑을 받던 아이가 하루아침에 엄마를 빼앗겼다. 동생 소명이와 관심을 양분해야 한다는 사실을 받아들이는 데는 시간이 필요했다.

얼마의 시간이 흐르자, 온유는 안정을 되찾았고 엄마가 소명이에게 모유 수유하는 모습을 관찰한 후, 어린 동생에게 자기의 가슴을 보이며 수유를 해주려고 노력했다. 잠든 소명이의 머리카락을 조심스레 만져 보거나 뺨에 입을 맞추거나 옆에서 살며시 잠이 들기도 했다.

우리는 그 기간 동안 온유에게 "이제 누나가 되었으니 동생을 지켜 주고 잘 보살펴 주라"고 말하지 않았다. 그런 이야기는 조금 더 자란 후에 들려줘도 되겠다고 생각했다. 아직 세 살밖에 되지 않은 온유가 동생이 태어났다고 해서 갑자기 어른이 된 것은 아니었기 때문이다.

온유를 품에 안고 기도할 때, 주님이 마음에 주신 감동이 있었다. "사랑스러운 이 아이를 더욱 안아 주고 사랑한다고 말해 주렴." 주님이 내게 주신 이 감동을 지금도 놓치지 않으려 하고 있다.

오늘에 대한 답을 알지 못하지만 하나님께 지혜를 구하면 그분은 답을 주신다. 그분은 임마누엘, 우리와 함께 계시는 분으로 우리에게 지혜를 주신다. 내 생각으로 판단하거나 내 분노를 해결하기 위해 행동하지 않고 주님의 성품과 진리를 따라 묻기를 그치지 않는다면 주님은 항상 답을 주신다.

    그렇게 오늘을 살면 또 다른 내일을 만나게 된다. 그리고 내일은 또 다른 문제를 만나게 된다. 계속되는 문제 속에 답이 보이지 않는다. 그러나 당시에는 보이지 않더라도 후에 뒤를 돌아보면 알게 된다. 지금은 알 수 없지만 이 시간이 지나면 알 수 있게 된다. 그러니 내가 지금 할 수 있는 것은 지혜를 구하며 순종하면서 하루를 사는 것이다.

내 아이가 장애를 가진다면

소명이가 태어난 지 겨우 얼마의 시간이 지났을 뿐인데 그 사이 우리에게는 전에 경험해 보지 못한 수많은 일들이 생겼다.

병원에서 연락이 왔다. 소명이가 받은 선천성대사이상 검사에서 발달장애가 생길 수 있다는 징후가 발견되었으니 대학병원에 가서 재검사를 받으라는 것이다. 우리는 그때 이미 소명이의 허리 부분 뼈에 이상이 있어 성장 과정을 주시할 필요가 있다는 소견서도 받아 놓은 상태였다. 우리 아이가 장애를 가질 수 있다는 이야기를 전해 들으며 품에 안은 소명이를 바라보는데 수많은 생각이 스쳐갔다. 어떻게 기도해야 할까? "하나님, 무조건 우리 아들은 안 됩니다"라고 기도해야 할까?

　예수님이 십자가로 향하실 때 제자들의 마음이 이렇지 않았을까? 3년을 동고동락했던 스승이 절망의 구렁텅이로 들어가는 것을 어떻게 보고만 있을 수 있겠는가? 그러나 예수님은 십자가로 향하는 그분을 막으려 했던 베드로에게 이렇게 말씀하셨다.

> "사탄아 내 뒤로 물러가라 네가 하나님의 일을 생각하지 아니하고 도리어 사람의 일을 생각하는도다" 막 8:33

　하나님의 일은 무엇인가, 그리고 사람의 일은 무엇인가? 하나님 나라의 역사는 우리의 생각과 다르다. 결국 종교 지도자들과 많은 이들은 예수님이 자신들이 바라던 메시야와 달라서, 그리고 자신들의 기득권을 유지하기 위해서 예수님을 십자가에 못 박았다.

　그렇다면 메시야는 어떤 모양이어야 하는가? 내가 가진 기득권을 유지하면서도 내가 원할 때 언제든지 복 주는 분이셔야 하는가? 그런데 그렇게 실패한 것처럼 내몰린 십자가를 통해 하나님은 당신의 백성들을 구원하셨다. 왕이신 예수님을 향해 손가락질하고 모욕한, 그리고 결국 십자가에 매달은 백성들을 구원하시기 위해 예수님은 스스로 희생제물이 되셨다. 우리는 다 이해하지 못하지만 하나님의 시간이 있고 하나님의 뜻이 있다.

품에 안겨 있는 소명이를 바라보며 오직 하나님의 기쁘신 뜻이 이루어지기를 기도했다. 또한 부모로서 이 아이의 구원을 위해서 간구했다.

병원 대기실에서 아내가 이렇게 말했다.

"우리 둘이 시작했는데 언제 세 명이 되고, 이렇게 네 명이 되었네."

결혼할 때는 상상도 못했지만 시간이 흘러 조금씩 이런저런 이야기를 만들어 가는 것처럼 하나님의 나라도 우리가 알지 못하는 사이에 더욱 구체적으로 그려진다. 때로는 우리가 이해하지 못하는 방법과 일들을 만나기도 하지만 최종적으로 완성될 하나님의 그림은 무엇보다도 아름다울 것이다.

하나님의 방법은 가장 선하며 옳다. 내가 할 일은 빚어 가시는 그분을 신뢰하는 것이다.

아이에게 엄마가 전부이듯

요로 감염으로 입원했던 소명이가 5일간의 병원생활을 마치고 퇴원했다. 생후 두 달인 아이에게 얼마나 많은 약이 필요하던지 항생제를 포함해 약봉지를 주렁주렁 가지고 집으로 돌아왔다. 엄마가 없던 자리를 증명이나 하듯 온유와 내가 휘젓고 다닌 집안은 어수선했다. 하지만 종합병원의 복잡한 퇴원 수속을 마치고 돌아오느라 집안을 정리할 여력이 없어 라면 하나 끓여 먹고 잠시 쉬기로 했다.

온유는 엄마와 함께 있어서 좋은지 컨디션이 갑자기 좋아졌다. 문득 아이에게 엄마는 모든 것이라는 생각이 들었다. 아이들은 장난감과 과자를 찾지만 그 모든 것을 가져도 엄마가 없으면 아무것도 없는 것과 같다.

원래는 오늘부터 아내와 함께 새벽예배에 참석하기로 되어 있었다. 그런데 병원에서 오랜 시간 지낸 아내와 아이들의 상태가 좋지 않아서 미뤄야겠다는 생각이 들었다. 아내 역시 같은 생각이었다. 우리는 하루를 미루어 내일부터 새벽예배에 참석하기로 했다. 사탄은 우리의 기도를 방해하려고 전방위로 애썼는지 모르겠다.

"이래도 기도할 테냐?"

우리는 대답해야만 한다. 기도하지 않으면 죽는다. 죽지 않으려면 기도해야 한다.

"기도하지 않으면 망하게 해주세요."

지금까지도 아내와 두려움으로 드리는 기도이다. 기도하지 않고 회개하지 않는데 아무 일도 없다면 우리는 우리가 잘나서 살아가는 것처럼 착각하며 살아갈 것이다. 그리고 주님 앞에 섰을 때에야 비로소 무엇을 잘못했는지 알게 될 것이다. 기도하지 않았음에도 불구하고 아픔과 눈물을 통해 다시 주님께 무릎 꿇고 돌아갈 수 있는 것은 복이다.

"주님, 저와 저희 가정을 불쌍히 여겨 주세요. 아이에게 엄마가 전부이듯 우리에게는 주님이 전부이십니다."

아픈 아이를 품에 안고

소명이 검사 때문에 병원에 다녀왔다. 병원으로 가는 차 안에서 아내가 이런 말을 했다.

"나 이번에는 염려나 근심이 하나도 안 되었어."

"응?"

"온유와 소명이가 갑자기 아파서 며칠간 입원을 했는데도 염려가 안 되는 거 있지? 그냥 막연히 잘될 거란 생각을 한 건 아니야. 정말 마지막까지도 생각했거든. 소명이가 잘못 되어서 죽는 것도 생각해 봤어. 아이가 아플 때마다 내 마음이 아프고 힘들지만, 그리고 만약에 죽는다면 평생 아이를 지독하게 그리워하겠지만, 그럴더라도 전혀 염려나 근심이 안 되었어. 그건 어쩔 수 없어서 조금 일찍 떠나보내는 것뿐이라는 생각을 했어."

아내의 말이 내게 큰 도전과 위로가 되었다. 우리는 인생에서 수많은 일들을 만나게 될 것이다. 그리고 그때마다 우리는 반응하고 선택해야 할 것이다. 우리가 만나는 모든 상황에서 죽음보다 더한 고통이란 찾기 힘들다. 그런데 죽음을 초월하면 고통은 힘을 잃는다.

다시 말해, 사탄은 우리가 움켜쥐려 하는 것을 가지고 시험한다. 놓치지 않으려 발버둥 치는 것을 가지고 도리어 힘들게 한다. 하지만 내가 움켜쥐려는 것, 놓치지 않으려 하는 것을 포기해 버리는 순간, 사탄은 더 이상 우리에게 달려들 근거가 없다.

우리가 붙들어야 하는 것은 우리 인생 같아 보이지만 그것이 아니라 진리이시고 길이신 예수님이다. 엄밀히 말해서 예수님은 우리가 걸어가야 할 길에 대해서, 진리, 혹은 생명에 대해서 가르치러 오신 분이 아니다. 이전의 수많은 선지자들이 그것을 말하려고 이 땅에 왔다면, 예수님은 당신 자체가 길이요 진리요 생명으로 오셨다. 예수님은 인생을 가르치는 스승이라기보다는 내가 살아야 할 인생 그 자체여야 한다.

소명이가 입원을 해서 아내가 많은 수고를 했다. 내가 온유를 돌보는 동안 아내는 만 하루가 넘도록 소명이를 안고 응급실 의자에 앉아서 버텨야 했다. 5일간의 입원이 결코 쉽지 않았을 텐데 염려하거나 근심하지 않았다는 말은 하나님이 주신 은혜로 이해해야 할 것이다. 짧은 5일이었지만, 이 고백은 주님께서 마지막 시대를 어떻게 살아야 할지에 대해 가르쳐 주신 해법이었다.

    이것은 믿음에 관한 이야기이다. 우리의 신실하신 목자에 대한 믿음, 예수님이 이미 행하신 일들에 대한 믿음. 죽음, 그 이후의 삶, 부활…. 그것은 예수님을 믿는 그리스도인들만이 공유할 수 있는 진리이다.

인내의 시간을 통해 아이는 자란다

아이들을 재우고 아내와 함께 가볍게 시작한 찬양이 말씀과 기도로 이어져서 한 시간을 훌쩍 넘겼다. 아이를 낳아 키우는 엄마의 입장에서 주일 예배는 자주 미완성으로 끝날 때가 많다.

"예배 중에 나는 지금 무엇을 하고 있는가?" 목사님의 말씀이 채 끝나기도 전에 기저귀를 갈아 주거나 젖을 물려야 한다. 모자실은 울음소리와 장난감 소리, 고함 소리에 머리가 울릴 정도로 정신이 없다. 나이든 여느 장로님들의 기도처럼 일주일 동안 죄악 세상 속에 살다가 하루 예배드리러 왔는데 그마저도 난장판 속에서 미완성으로 끝나 버리면 얼마나 아쉬울까? 다시 반복되는 일상 속에서 주님을 향한 마음이 점점 식어져 가는 것처럼 느낄 것이다. 매일의 삶이 예배가 되어 그 삶의 절정에서 주일을 맞이할 수는 없을까?

나는 청년시절에 정말 그 시간을 갈망했다. 매일의 일상에서 주님을 만나고, 만난 그 감격이 모여서 회중 예배를 드릴 때 최고의 감격으로 주님께 예배드리고 싶었다. 그렇게 하기 위해 나는 매일의 일상에 주님을 초대해야 했다.

성경은 끊임없이 믿음에 대해 말하고 있다. 하지만 그 믿음은 늘 행함과 함께 말하고 있다. 신부가 신랑을 대하는 사랑이 곧 행함으로 드러나게 되듯이 말이다.

가볍게 시작했지만 주님 앞에 순종으로 드린 찬송 소리는 어느새 말씀과 여러 제목의 중보기도로 향했다. 사울 왕의 분노를 피해 아둘람 굴로 피한 도망자 다윗이 찬양을 드리다가 어느새 천하 만민을 대표하여 주께 영광을 돌리게 된 신비처럼 말이다(시 57:9). 아이를 품에 안고 드리는 우리의 기도는 어느새 이스라엘과 북한, 국가와 동역자들, 그리고 하나님이 하실 일들로 향했다.

아내는 아이들이 태어나 자라는 과정이 정말 재미있다고 했다. 얼마 전에 교회 속회에서는 '아이를 키우는 사명'이라고 말했다. 사실 아이 때문에 엄마는 자기가 하고 싶은 일들을 할 틈이 없다. 심지어 마음 놓고 기도하거나 말씀을 읽을 여유조차 나지 않는다. 그렇기에 아이를 자신의 신앙생활의 방해물로 인식할 수도 있다. 하지만 아이는 여호와께서 주신 기업이다. 그 기업을 경영하느라 애쓰는 아내의 잠든 표정이 얼마나 사랑스러운지 모른다.

재미있다고도 말했고 사명이라고도 말했지만 아이와 함께하는 시간은 결코 쉽지 않다. 예수 그리스도의 이름에는 능력이 있지만 예수 그리스도의 이름으로 다 해결되지 않는 듯 보이는 수많은 문제들이 산재해 있다. 눈앞의 현상들이 전혀 바뀌지 않는데도 그분을 향한 믿음으로 예수 그리스도의 이름을 수없이 선포한 적은 없는가? 주님이 원하시면 문제는 아무것도 아니라는 믿음만 믿음에 속한 것이 아니다. 아무 변화가 없을 때도, 전혀 효율적이지 않는 시간 속에서도 우리는 주님이 주신 마음에 순종해야 한다.

예수 그리스도의 이름의 능력을 힘입어 믿음으로 선포하면 눈에 보이지 않더라도 영적 기류는 분명 변한다. 다만 그것이 하늘에서 이루어진 것처럼 이 땅에 이루어지는 데 걸리는 '인내의 시간'이 필요하다. 그 인내의 시간을 통해 아이들이 자라고 부모가 주님 안에서 함께 자란다.

소명, 백일을 맞다

오늘은 소명이의 백일이다. 태어난 지 얼마 되지 않은 것 같은데 벌써 이렇게 자랐다. 오늘 아침 바람이 시원한 것을 보니 계절 하나가 다 지난 것 같다. 아내는 이제 날씨가 제법 추워졌는데도 여전히 반팔에 반바지 차림을 고수하고 있다. 이유를 물어 그 대답을 들으니 마음이 뭉클하다.

온유와 소명이에게 모기가 달려들까 봐 자기 살을 내놓고 있는 것이란다. 긴 여름 동안 아이들은 멀쩡한데 유난히 아내만 모기에게 뜯긴 이유를 이제야 알게 되었다. 잠든 아이들은 이런 엄마의 사랑까지는 알 수 없을 것이다. 하나님의 마음도 마찬가지일 것 같다.

온유 백일에는 기념으로 롯데리아에서 햄버거를 사먹

었는데 오늘은 조금 업그레이드해서 버거킹에 가볼까 생각 중이다.

아이 하나의 놀라운 가치

소명이는 3.9킬로그램의 우량아로 태어났다. 다른 신생아들은 포대기에 파묻혀 병원에서 퇴원할 때, 소명이는 이미 친구들보다 얼굴 하나 정도 더 나와 있었다. 생후 6개월이 될 무렵에는 10킬로그램이 훌쩍 넘었다.

이렇게 무거운 녀석을 매일 안고 다니다 보니 아내의 허리와 무릎은 남아나질 않았다. 아내는 허리를 펼 때마다 "끙" 하는 소리를 냈고 그 소리를 들을 때마다 내 가슴은 덜컥 내려앉곤 했다.

밤마다 아내에게 안마를 해주고 자다가 몇 번씩이나 깨는 아이들을 돌보다 보니 나 역시 얼굴이 푸석푸석해졌다. 처음 장모님께 인사를 드리러 갔을 땐 남자 피부가 참 좋다고 좋아하셨는데 그것도 이제 다 옛말이 되었다. 아이들은 하루가 다르게 무럭무럭 자라고 있지만 아내와 난 하루하루 아픈 곳이 늘어가고 있다.

세계적인 화가 반 고흐는 죽어가던 창녀 크리스틴과 그녀의 아들을 보호하면서 동생 테오에게 이런 내용이 담긴 편지를 보냈다.

"내 어떠한 작품도 요람 속에 잠든 한 아이의 가치보다는 못하다."

전 세계 사람들이 그의 그림을 보기 위해 비싼 값을 치르고 길게 줄을 서는 수고를 마다하지 않는데, 정작 그는 자신의 어떤 작품도 한 아이의 가치를 이길 수 없다고 말한다.

나도 그의 생각에 동의한다. 몸은 늘 고단하고 나날이 기운도 잃어가지만, 매일을 정직하게 자라나는 아이들과 무엇을 비교할 수 있을까? 무엇과 맞바꿀 수 있을까? 그로 인한 충일감이 모든 피로를 잊게 하는 것을 보면 나도 이제 부모가 되어가나 보다.

솔직하게 말해 줘서 고마워

폐렴에 걸렸던 온유가 일주일간 병원생활을 마치고 퇴원하면서 말썽대장이 되어 버렸다. 병실에서 온갖 응석을 다 받아 주었기 때문일까? 어제는 장난치다가 선풍기 목을 부수고 말았다.

온유를 야단치며 물었다.

"온유야, 이제 여름이라 더운데 우리는 어떻게 하면 좋을까?"

"응, 그럼 우린 이제 따뜻하면 되겠네요. 그렇지 아빠?"

"……."

아내와 마트에 새 선풍기를 보러 갔다. 그런데 웬일로 온유가 혼자서 집을 지키겠다고 했다. 온유를 집에 혼자 두는 일은 처음이라 아내의 전화기를 온유에게 맡기고 전화 받는 훈련을 시켰다. 마트에 도착할 즈음 온유에게 전화를 걸었더니 울먹거리며 말했다.

"아빠 엄마, 보고 싶어. 빨리 와."

아내가 집에 미리 준비해 놓은 먹을 것으로 진정시키고 서둘러 귀가했다. 온유는 집으로 들어서는 우리에게 달려와 몇 번이고 입을 맞추었다.

늦은 밤, 온유와 침대에 누워 이야기했다.

"온유야, 아까 혼자 집에 있으니까 많이 무서웠어?"

"응, 속상하고 무서웠어."

"그래서 기도했어?"

"응."

5분쯤 지나서 온유가 말했다.

"아빠, 아까 기도는 안 했어."

나는 그 말이 듣기 좋았다.

"온유가 솔직하게 말해 줘서 아빠는 참 좋아. 다음에는 무서울 때 기도해 봐. 예수님이 도와주실 거야."

"응."

기도를 안 했는데 했다고 말한 것이 그 순수한 마음에 걸렸나 보다. 나는 얼마나 자주 누군가에게 기도하겠다고 거짓말을 하는지 모른다. 주님은 마음이 청결한 자가 하나님을 볼 것이라 말씀하셨다.

    이 밤, 많은 천국의 아이들이 꿈속에서 하나님과 춤을 추고 있을 것 같다.

아이들이 예배에 반응하다

아내와 가정예배를 드릴 때면 말씀과 함께 많은 제목을 가지고 기도를 한다. 하지만 온유와 소명이는 그때마다 우리를 가만두지 않는다. 목을 조르거나 울고 짜증을 내거나 기도하려고 엎드린 등 위에서 말놀이를 하곤 한다.

"얘들아, 예배 시간에 이러면 안 돼!"

그때마다 타이르고 꾸짖곤 하지만 혹여나 아이들에게 '예배 시간은 야단맞는 시간'이라는 인상을 줄까 봐 어떻게 행동할지 늘 망설여졌다. 아내와 이 문제를 나누며 주님의 마음을 구했고, 결국 어른에게 익숙한 방식을 버리기로 했다. 주님이 이 땅에 오셔서 우리의 눈높이에서 우리의 방식으로 가르치고 섬기신 것처럼, 그리고 나를 아주 오랜 시간 설득하고 기다려 주신 것처럼 우리도 아이들의 수준에서 이해하고 습관이 만들어지기까지 기다리고 아이의 눈높이에 맞추기로 했다.

우선 성경은 알기 쉽게 읽을 수 있는 그림성경으로 바꾸었고, 찬송은 온유가 전담하고 온 가족이 돌아가면서 기도를 하기로 했다. 아빠 엄마는 종교적 언어가 아니라 아이가 이해할 수 있는 말들로 기도를 드렸다.

그러자 전혀 예상을 못했는데, 네 살짜리 아이가 하루하루 예배에 반응하기 시작했다. 온유는 천지를 창조하신 하나님에 대해 말씀을 나누고 기도할 때면 아빠, 엄마, 동생을 만들어 주신 하나님께 감사기도를 했다. 사람들이 예수님을 믿고 할아버지, 할머니, 이모, 삼촌들이 예수님을 더욱 사랑하게 해달라고 진지하게 기도했다.

"오, 주님, 당신의 마음에 반응한 결과가 이토록 아름답다니요!"

아이의 혼잣말에 "아멘" 하다

"엄마, 하나님이 기회를 주는데 블럭을 잘 만드는 사람이 있고 블럭을 못 만드는 사람이 있어. 하나님이 기회를 주면 나는 블럭을 잘 만들 수 있을 거야. 하트도 잘 만들 수 있을 거야. 하나님이 기회를 안 주면 못 만들어. 그러면 슬픈 마음이 들 거야. 기회를 안 주면 뭐든지 할 수 없어. 그러면 아빠도 말이야, 컴퓨터도 아무것도 할 수 없어. 그래서 예수님이 바다를 건너라 하면 건너야 해. 베드로처럼. 알겠지 엄마? 아주 씩씩하게. 그러니까 엄마도 예수님을 많이 사랑해야 해. 예수님은 온 세상을 다스리는 왕이니까 우리도 예수님만 따라가야 하고 사랑해야 해. 그래서 그런 거야."

네 살 온유는 블럭으로 하트를 만들며 우리에게 조잘조잘 쉬지 않고 설교를 했다.

"온유야, 하나님이 아빠에게 기회를 주시면, 그러니까 은혜를 주시면 아빠도 좋은 아빠가 될 수 있을 거야."

믿음의 걸음은 안개 속에 가려진 징검다리를 걷는 것과 비슷하다는 것을 나는 나중에야 알게 되었다. 길이 없는 것 같아 보이는데 하나님은 다음 걸음을 걸으라고 말씀하신다. 그때 믿음으로 걸음을 내디디면, 보이지 않던 다음 디딤돌이 나오는 것을 경험하게 된다. 하나님이 우리에게 그렇게 말씀하시는 이유는 우리를 소모시키시려는 것이 아니라 다음 걸음을 내디뎠을 때 그 걸음을 통해 주님이 어떤 분인지 경험하게 하시려는 것이다. 결국 그 걸음은 주님과의 풍성한 사귐의 시간이다. 내게 기회를 주시면, 그러니까 은혜를 주시면 나는 믿음으로 아이들과 함께 안개 속에 가려진 징검다리를 걸을 수 있는 것이다.

고작 네 살짜리 아이의 혼잣말에 나는 "아멘"이라고 말할 수밖에 없었다. 하나님이 내게 기회를 주셔야, 은혜를 주셔야 나는 오늘을 살아갈 수 있을 것이다.

"주님, 저를 한 가정의 가장으로 세워 주셔서 살아가고 있지만 여전히 주님께서 가르쳐 주지 않으시면 저는 아무엇도 할 수 없습니다. 이 가정을 잘 섬길 수 있도록 기름 부어 주세요. 아이가 생각하고 행동할 시대는 지금의 저로서는 상상할 수 없는 시대일지 모르겠습니다. 부모의 믿음이 아닌, 자신의 믿음으로 이 땅을 살아가며 하나님을 사랑하는 아이가 될 수 있도록, 그런 아이로 길러낼 수 있도록 저희에게 기회를 주세요."

나는 실수 많은 남편이다

아침부터 바쁜 스케줄을 소화하느라 피곤했던지 아이들이 차 안에서 잠들었다. 먼저 아내가 온유를 안고 집으로 올라갔고 나는 소명이를 안아 나머지 짐들을 엑스자로 메고 올라갔다. 짐을 나누어 옮길까도 생각했지만 집이 4층이라 고생을 줄이자는 생각에 단번에 계단을 올랐다. 그런데 현관문에 들어서다가 안고 있던 소명이 발이 걸려 현관 앞에 둔 선반이 "쿵" 하고 넘어지고 말았다. 나는 많은 짐 때문에 그 사이를 지나가지 못하고 아내가 오기만을 기다렸다. 아내는 선반을 일으켜 세우며 울상이 되었다.

며칠 전, 아이들 짐은 많아지는 데 비해 수납할 공간이 없어서 조립용 작은 선반을 구입했다. 아내는 한참 동안 나

사를 조이고 망치질을 해서 선반을 완성했다. 그런데 그것이 넘어지면서 한쪽 면이 찍혀 자국이 생겨 버렸다. 물건을 소중히 다루는 아내 입장에서 이것은 무척 속상한 일이라 내 마음도 편치 않았다. 아내는 소명이를 받아서 침대에 눕히고 이것저것 정리를 하고는 잠자리에 누웠다. 피곤하기도 했겠지만 속상한 마음이 들었을 것 같아 미안하고 고마운 마음이 교차했다. 어리숙하고 실수 많은 남편이 원망스러워 화낼 만도 했는데….

선반을 고심하며 고르던 아내, 완제품이 아니라 조립제품을 사서 끙끙대며 조립하던 아내, 마땅히 둘 만한 공간이 없어서 고민하던 아내, 신발장에 흠이 생겨 속상해하는 아내의 모습을 떠올리니 남편으로서 무엇 하나 잘해 준 것이 생각나지 않아 미안하고 속상했다.

언젠가 주님은 아내를 향해 이렇게 말씀하셨다.

"지혜롭고 사랑이 많은 아이란다."

나는 결혼한 이후부터 아내를 위해 기도하며 매번 이 감사를 빼놓지 않았다.

"지혜롭고 사랑이 많은 이를 제 아내로 주셔서 감사합니다. 이런 아내를 제 곁에 주신 주님, 오늘 밤도 감사합니다. 더욱 사랑만 할게요."

칭찬을 아낄 이유는 없다

온유에게는 두 개의 저금통이 있다. 하나의 저금통에는 온유의 이름이 붙어 있고, 또 하나의 저금통에는 예수님의 이름이 붙어 있다.

온유가 말씀 암송을 잘하거나 장난감 정리를 잘할 때, 또는 동생과 사이좋게 지내면 동전을 한 개씩 선물한다. 그러면 온유는 어느 쪽 저금통이든 자기가 결정해서 넣는다. 온유의 돼지 저금통이 다 차면 온유가 갖고 싶은 장난감을 사주기로 했다. 그리고 예수님의 돼지 저금통이 다 차면 예수님이 기뻐하시는 곳에 선물하기로 했다.

감사하게도 온유가 제법 예수님의 저금통에 동전을 집어넣고 있다. 그럴 때면 나는 마음속으로 기뻐하며 온유에게 동전 하나를 더 건네기도 한다. 예수님의 저금통에 동전을 넣으면 자기 저금통도 불어난다는 사실을 가르쳐 주고 싶었기 때문이다. 하지만 이 방식은 무작위이다. 이것이 만일 일정한 방식을 따른다면 아이는 꾀가 생겨서 예수님께만 드릴 수 있다.

예수님께 드렸다고 해서 반드시 보상을 받는 것은 아니다. 자신의 저금통이 추가로 불어나는 것은 은혜일 뿐이다. 예수님의 저금통이 가득 차더라도 온유의 저금통은 텅텅 빌 수 있다. 하지만 만일 그렇게 된다면 예수님에 대한 온유의 사랑을 증명할 수 있을 것이다.

온유가 두 저금통 앞에서 고민하며 동전을 집어넣을 때마다 아이의 머릿속이, 그 마음의 생각이 궁금했다. 일 년이 지난 어느 날 온유가 이런 이야기를 들려주었다.

"아빠, 나 예수님 저금통에 동전을 넣을 때면 꼭 기도한다."

어떤 기도를 하는지 궁금해서 그때부터 온유를 회유하며 캐묻기 시작했다. 결국 온유가 좋아하는 초콜릿을 동원하고 나서야 겨우 알게 되었다.

"매번 같은 기도를 하는 건 아니야. 그냥 할 때마다 다른데, 집 없는 아이는 집을 얻게 해달라고 기도해. 밥 못 먹는 친구는 밥 먹게 해달라고, 아빠 엄마 없는 친구들은 아빠 엄마 가지게 해달라고 기도하고, 아프리카에 있는 친구들을 위해서도 기도해. '아프리카에 있는 친구들이 모기와 파리에 안 물리게 해주세요' 하고."

저금통을 처음 만들어 주었던 일 년 전만 해도 온유는 글자를 몰랐다.

"온유야, 이 저금통에는 '예수님'이라고 적어 놓았어. 이게 꽉 차면 예수님이 좋아하실 만한 데 쓸까? 불쌍한 친구들 있지? 그런 친구들도 도와주고…."

고작 일 년 사이에 아이는 이렇게 많이 자랐다. 언제부터인가 글자를 읽을 수 있게 되었고, 돈이 어떤 용도로 사용되는지도 알게 되었다. 그런데 아직 두 저금통에는 동전이 반도 차지 않았다. 그 이유를 생각해 보니 미안해서 눈물이 났다. 저금통이 차지 않은 이유는 아이가 좋은 행동을 하지 않았다기보다는 내 칭찬이 그만큼 인색했기 때문이다.

더 많은 칭찬을 해주었으면 어땠을까? 안경을 불평 없이 잘 쓰고 있어 주어서, 오늘 아프지 않아 주어서, 아빠를 꼬옥 안아 주어서, 예수님을 사랑해 주어서 고맙다고 칭찬을 해주었으면 얼마나 좋았을까?

물론 동전이 꽉 찬 저금통으로도 집 없는 아이는 집을 얻지 못할 것이고 아빠 엄마 없는 아이는 부모를 얻지 못할 것이다. 아프리카에 있는 친구들도 여전히 굶을 것이다. 하지만 이 아이가 동전을 하나씩 넣을 때마다 드리는 기도를 통해 하나님은 그분의 방법대로 그분의 일을 아름답게 이루어 가실 것이다. 나는 그것이 기대되고, 이 때문에 미안해서 눈물을 흘린 것이다. 그렇게 아름다운 이유들로 기도할 수 있는 기회를 더 많이 주지 못해서 너무 미안했다.

우리 아내는 여전히 예쁘다

우리 아이들은 꽤 늦게 잠자리에 드는 편이다. 내가 밤늦게 집으로 돌아와서 함께 시간을 보내고 내일을 준비하느라 이것저것 정리하다 보면 늦은 밤이 되기 때문이다. 그런데 아무래도 늦게까지 놀다 보면 체력의 한계를 느낄 때가 많아서 늦은 밤에 아이들을 씻기고 양치까지 시키려면 아이들 잠투정에 곤욕을 치르곤 한다. 어제는 온유의 잠투정 때문에 다 큰 아이를 침대에 눕혀서 양치질을 도왔다.

그 모습을 보던 아내가 내게 말했다.

"내가 임신했을 때, 오빠가 나한테 이렇게 해 줬는데."

"정말?"

그때를 까맣게 잊고 있었다. 아내는 임신했을 때 잠이

쏟아져서 신생아처럼 잤다. 당시는 아내가 직장에 다니던 때라 퇴근하자마자 소파든 어디든 머리를 대는 곳에서 곯아떨어지기 일쑤였다. 충치가 생길까 봐 아내를 달래고 달래다가 결국 침실에 대야를 들고 와서 양치를 시키고 입을 헹궈서 침을 뱉게 했다. 그때는 남편으로서 아내를 돌본다는 생각에 그렇게 한 것 같은데 지금은 두 아이를 기르다 보니 나도 모르게 아내를 일꾼의 역할로만 생각하고 있었다. 처음에는 내가 아빠, 아내가 딸 역할이기도 했는데 지금의 아내는 모든 걸 감당해야 하는 엄마이기만 한 것 같았다. '오늘부터 아내를 더욱 사랑해 주어야겠다'는 다짐을 했다.

요즘 들어 아내는 유난히 자신이 늙었다고 생각하는 모양이다. 내가 찍어 준 사진을 보면서 예전에 비해 많이 늙었다는 말을 하곤 한다. 하지만 나는 그런 아내가 여전히 예쁘다. 신기하게도 결혼한 후 시간이 흐를수록 내 눈에는 더욱 사랑스러워 보인다. "그리스도께서 교회를 사랑하신 것같이 남편은 아내를 사랑하라"는 말씀은 정말 신비로웠다. 사랑하면 할수록 고갈되는 대신 더욱 충만해진다는 것을 삶으로 깨닫게 되었기 때문이다. 만일 정말로 아내가 늙었다면 그것은 아이들을 돌보는 수고 때문일 것이다. 그렇다면 아내의 늙음은 아름다움이다. 주님의 신비 안에서 아내는 언제까지나 사랑스럽고 아름답다.

엄마의
고백

매일이 그저 지치고 피곤한 날들입니다. 그 일상 속에서 하나님의 나라를 꿈꾸는 것은 내게 너무나 높은 장벽 같았습니다.
그래서, 아니 그럴수록 주님과 나와의 무지의 구름을 걷어내려고 더 치열하게 살았던 것 같습니다. 나는 그저 그리스도인답게, 그리고 나답게 살고 싶었습니다.
내가 주님을 믿고 따르기로 했을 때 그 믿음에 대한 그분의 응답은 언제나 표현할 수 없이 과분한 은혜의 선물이었습니다. 주님은 남편을 통해, 아이들을 통해 내가 그것을 실제로 알고 누리게 하셨습니다. 주님은 그래서 내게 가정을 주신 것 같습니다. 그리스도인으로 사는 게 무엇인지, 내가 누구인지 알려 주시고 살게 하시려고 말입니다.
그리스도를 따르는 것, 그리스도의 몸에 헌신하는 것은 아내로서, 엄마로서 사는 것과 무관하지 않았습니다. 나와 주님과의 관계만큼, 나와 남편의 관계만큼, 꼭 그만큼 우리 가정은 살아나고 우리 아이들은 행복해졌습니다.

내게 매순간 놀라움과 기쁨을 안겨 주는 아이들, 내가 이렇게 사랑스러운 아이들의 엄마가 되리라곤 꿈에도 상상하지 못했습니다. 내 모든 것을 주어도 아깝지 않는 존재를 알게 해주셔서, 아이를 통하여 오히려 내가 사랑을 받고 있음을 깨닫게 해주셔서, 그리고 무엇보다 아이들을 잘 자라게 해주셔서 주님께 참 고마웠습니다.
"온유는 엄마에게?"
"자랑거리!"
"그럼 소명이는 엄마에게?"
"보물!"
물어보는 질문에 자랑스럽게 척척 대답해 주는 아이들이 무척 사랑스럽습니다. 내 아버지의 마음도 그리하시겠지요.
"주님, 소중한 보물을 제게 주셔서 감사합니다."

Chapter 2

아이의 마음이 외치는 소리를 듣다

나는 아이가 오래전의 아픔을
지금까지 기억하고 있는 줄 몰랐다
그 기억을 지우고 싶었지만
내가 할 수 있는 방법은 그 무엇도 없었다
다만 매일 그보다 더한 사랑으로
덮어야 한다는 사실을 다짐할 뿐이다

아이의 울음에는 이유가 있다

어젯밤, 종일 노느라 피곤했던지 온유가 유난히 짜증을 많이 부렸다. 눈에 눈물이 가득해서 징얼거리는 온유를 달래고 또 달래며 왜 우느냐고 물었더니 카드를 잃어버렸다고 했다. 온유가 말하는 카드는 며칠 전 친구 가윤이네서 가져온 증정용 포스트잇을 말한다. 쓰다 만 포스트잇이라 거기에는 가윤이 엄마의 메모, 예를 들면 사진 부착, 자격증 공부 같은 글자들이 써져 있었다. 그런데 그 카드가 없어져서 온유가 벌써 몇십 분을 울고 있는 것이다.

늦은 밤, 저인망 수색작전을 펼친 끝에 이불 주름 사이에서 겨우 카드를 찾아내어 온유를 달랠 수 있었다. 온유는 언제 그랬냐며 기뻐했다. 나는 온유를 타이르며 말했다.

"온유야, 정말 울 걸 가지고 울어야지. 이런 건 다음에 또 잃어버려도 우는 게 아니야. 만약 잃어버리면 아빠가 요 앞에서 금방 사다 줄 수 있으니까 이런 걸로는 온유가 짜증 부리지도 말고 울지도 않았으면 좋겠어."

"아빠, 이건 온유에게 소중한 거야. 이건 가윤이가 나한테 선물로 준 거란 말이야."

온유의 말에 갑자기 마음이 뭉클했다. 온유가 소중하게 여긴 이유는 선물 받은 '물건'이 특별하거나 진귀해서가 아니라 친구에게 받은 선물이었기 때문이다. 순간 소중함을 돈으로 환산하려 했던 나 자신이 부끄러웠.

오늘도 하나님 아버지는 우리에게 많은 선물을 주신다. 그것을 감각적이거나 실용적으로만 접근하지 않는다면 우리는 작아 보이는 것으로도 크게 기뻐할 수 있다. 우리는 어떤 '용도'에 관심이 있지만 주님은 우리의 '관계'에 보다 관심을 가지신다. 내가 매일 기도하는 제목 중 한 가지는 주님께서 오늘도 내 마음을 빚어 주시길 바라는 것이다.

"오늘 제 마음이 주님을 경외하고 기뻐한다면 저는 이미 모든 것을 가진 자입니다. 작아 보일지라도 제게는 주님이 주시는 모든 것이 특별합니다."

"나의 영혼아 잠잠히 하나님만 바라라 무릇 나의 소망이 그로부터 나오는도다 오직 그만이 나의 반석이시요 나의 구원이시요 나의 요새이시니 내가 흔들리지 아니하리로다"

시 62:5-6

결핍이 늘 아픈 것만은 아니다

가깝게 지내는 후배가 어느 의류업체를 소개해 주었다. 고가이지만 디자인이 예쁘고 기능성 옷이라 평소에 좋아하는 메이커였다. 아내는 석 달간 온유의 옷을 제공받고 블로그에 포스팅하는 제안을 받았다. 아내는 온유에게 옷이 생긴다는 사실에 좋아했고 후배에게 고마워하며 바로 수락했다. 그러나 잠시 기도를 드린 후에 그 제안을 거절했다.

아내는 온유에게 그 옷들을 입히면 다른 엄마들이 당장 필요치 않아도 그 옷을 따라 살 수 있고, 또 사고 싶지만 살 수 없는 어려운 형편에 있는 엄마들이 속상해하거나 행복해하지 못할까 봐 거절했다고 말했다.

"그 일을 승낙했으면 내가 사진을 찍어 줬을 거야. 그 일을 해도 좋아. 그런데 안 해도 너무 좋으네."

나는 아내가 사랑스러워 안아 주었다.

언젠가 잠들기 전에 온 가족이 누워 있는데 온유가 툴툴거리며 말했다.

"없다! 까까도 없고 과일도 없고 호비(인형 이름)도 없다!"

온유가 허망한 듯 말하는 것이 하도 기가 막혀서 아내와 한참을 웃다가 온유에게 하나를 더 가르쳐 줬다.

"온유야, 사실 우리 내일모레면 밥도 다 떨어져. 그러면 온유야, 우리 집에 없는 게 뭐지?"

"음… 까까도 없고 과일도 없고 호비도 없고 밥도 없어."

"그러면 없는 것 말고 있는 건 뭐야?"

"음… 아빠도 있고 엄마도 있고 아기도 있고 온유도 있다."

"그렇지? 아빠, 엄마, 아기, 온유도 있지? 그럼 우리 부자네?"

하나님이 우리에게 부족하다 말씀하시면 부족한 것을 채우면 되지만 하나님이 충분하다고 말씀하실 때는 어떠한가? 진정 충분하다고 느끼는가? 넘치는 것들이 도리어 누군가를 찌르는 비수가 되지는 않을까?

지금은 먹고 싶은 게 있으면 온 가족이 동네 마트에서 과일이며 까까며 사먹곤 하지만 몇 년 전만 해도 먹고 싶은 것을 참아야 했다. 슈퍼에서 과일을 들었다 놨다 수없이 반복하다 결국 포기하고 돌아온 후에는 거짓말같이 집에 찾아온 손님 손에 그 과일이 들려 있었다. 그들은 우리가 왜 환호하는지 알지 못했지만 우리는 주님의 공급하심에 기뻐했다. 주어진 모든 기회를 우리가 가져야만 하는 것도 아니고, 우리가 가진 결핍이 아프기만 한 것도 아니라고 믿는다.

아빠, 예수님이 계시니까 괜찮아

온유가 유아부에서 성찬식을 한 이야기를 들려주었다.

"아빠, 나 예수님의 피와 살을 먹었어. 예수님이 온유를 위해 피도 주고 살도 줬거든. 그런데 예수님의 피는 빨간색이 아니라 보라색이었어. 정말 맛있었어. 그런데 나 너무 좋았어. 먹으면서 예수님 생각했거든. 선생님이 십자가 목걸이도 걸어 주셨어. 십자가에 예수님은 없지만 내 마음에 예수님이 계시니까 괜찮아."

예전에 믿지 않는 친구가 내게 이런 질문을 했다. 그냥 '피'라고 하면 될 것을 왜 굳이 교회에서는 '보혈'이라는 어려운 용어를 사용하느냐고. 대답은 하지 않았지만 어느 정도 수긍이 갔다. 기독교 문화에서만 소통되는 언어로 인해 선교에 대한 진입장벽이 높아질 수도 있기 때문이다.

보혈이든 피든 그것이 무엇이라 불리든 나는 성찬식 때마다 꺽꺽대며 눈물을 쏟아낸다. 보배로운 주님의 피가 아니면 나는 아무것도 아니기 때문이다. 나는 그냥 피라고 부를 수가 없다. 내게 그 피는 특별하다.

성찬식 때 예수님의 피라며 마시는 포도주나 포도주스, 그것이 무엇이든 내게는 주님이 "나를 기념하라" 하신 그 말씀이 소중했다. 빨간색 피 대신 보라색 포도주스를 먹고 온유가 좋았다고 했다. 맛있어서도 좋았지만 마시면서 예수님 생각을 해서 좋았다고 다섯 살 아이가 말했다.

딸아이와 대화하며 예수님을 생각했다. 내가 어떤 죄인인지 알지 못하면 주님의 십자가도 관념적일 수밖에 없다. 그런 의미에서 내가 어떤 죄인인지를 알게 되는 것은 마주 대하기 두렵지만, 동시에 가장 은혜로운 장면이다. 예수님이 날 위하여 피 흘려 죽으신 사건이 바로 나를 위한 사랑임을 온유의 고백을 통해 다시금 절절하게 깨닫는다.

왜 아이들 말은 안 듣는 거야!

아내가 꼬리뼈를 다쳐 병원에 입원했는데 온유가 슬픈 눈으로 이렇게 물었다.

"아빠, 온유가 말 안 들어서 엄마가 아픈 거야?"

"아니야, 온유가 말을 안 들어서 아픈 거 아니야. 엄마가 온유랑 소명이를 얼마나 사랑하고 보고 싶어 하는데…."

혹시라도 온유가 자책할까 봐 나는 얼른 아니라고 말해 주었다.

아이들을 잠시 외갓집에 맡겨 두었는데 서로 대화하는 모습이 사랑스러워 동영상으로 찍어 아내에게 보내 주었다.

"소명아, 이제 우리 엄마 말씀 잘 듣자. 아빠 말도. 그럼 아빠 엄마가 안 아프실 거야. 좋은 생각이지? 좋은 생각이야? 그런데 아이들은 어른 말을 잘 듣잖아. 그런데 어른들은 왜 아이 말을 잘 안 듣는 거야!"

온유의 말대로 아이들에게는 말을 잘 들어야 한다고 매번 이야기하지만 정작 아이들의 말에는 귀 기울이지 않을 때가 많은 듯하다.

온유는 그림 그리기를 좋아한다. 하루에 한 번은 엎드려서 그림 그리기에 열중한다. 나는 아내와 함께 온유가 어떤 그림을 그렸는지 보기 위해 스케치북을 넘기다가 속이 상했다. 온유가 제대로 그림을 그린 곳이 있는가 하면 크레파스로 마구 휘갈겨 놓은 곳도 적지 않았기 때문이다.

"온유야, 스케치북을 왜 이렇게 쓰는 거야? 이렇게 쓰지 말라고 했지? 이렇게 쓰면 너무 아깝잖아. 너 도대체 뭘 그린 거야?"

"… 바람 그렸어. 태풍도 그렸고…."

아빠 엄마의 호통에 온유가 작은 소리로 답했다.

"아… 그렇구나. 미안해."

어른의 눈에는 마구 휘갈겨져 있는 그림이었으나 거기에는 아이의 의도가 숨겨져 있었다.

"주님, 아이의 작은 목소리, 숨은 의도에도 귀를 기울일게요."

내가 동생을 지켜 줄 거예요

아빠 엄마가 교회 모임으로 정신없을 때, 다섯 살 온유와 세 살 소명이는 또래 아이들과 놀고 있었다. 온유가 쉬 마렵다며 화장실로 향했는데 소명이가 그 뒤를 졸졸 따라갔다. 소명이도 쉬가 마렵다고 해서 온유는 소명이를 도와 쉬를 뉘었다. 그때 장난꾸러기 아이들이 소명이를 둘러싸고는 놀려댔다.

"꼬추 보래요. 꼬추 보래요."

온유는 급히 소명이의 바지를 올려 주고는 소명이를 안아 주며 아이들에게 말했다.

"너희들 그러지 마! 내 동생이란 말이야."

밤에 아내에게 이 이야기를 전해 들었다. 나는 온유가

사랑스러워 꼬옥 안아 주며 말했다.

"온유야, 우리 온유가 매일 기도할 때마다 '하나님, 제가 동생을 잘 지켜 줄 수 있도록 도와주세요'라고 했지? 오늘 아이들이 놀릴 때, 온유가 소명이한테 해 준 게 바로 동생을 지켜 준 용기 있는 행동이야. 하나님이 오늘 온유의 기도를 이렇게 들어주셨네? 눈에 보이지 않지만 온유의 마음에 용기와 지혜가 이만큼 자란 것 같아. 우리 주님께 '감사합니다'라고 기도할까?"

언젠가 기도 중에 주님께서 하신 말씀들을 기억하며 아이들이 주님의 용사로 자라나길 기도드렸다.

"주님, 감사해요. 아이들이 이렇게 자라고 있어요."

아이에게 주신 예수님 마음

온유가 방 한쪽 구석에서 손을 모으고 조용히 기도하고 있었다. 아빠 엄마와 함께 기도하거나 누군가가 아프거나 음식을 먹기 전에 기도한 적은 많았지만 이렇게 아무 일도 없는데 혼자서 진지하게 기도한 적은 처음이었다. 기도가 끝날 때까지 기다렸다가 온유에게 이유를 물었다.

"내가 예수님을 사랑하는데 갑자기 이런 마음이 생기는 거야. 예수님을 사랑한다면 아빠 엄마와 함께 기도하는 것 말고 혼자 있을 때도 기도해야 하는 거라고. 그런 마음이 들어서 혼자 기도한 거야."

아이의 고백을 듣고 나는 정말 울 뻔했다.

"다섯 살 아이에게 이 마음을 주신 주님, 저도 혼자 있을 때 예수님을 더욱 사랑하겠습니다."

부모는 언제나 자녀의 일로
자책하기 마련이다

언젠가부터 온유가 책을 너무 가까이 들여다봐서 병원에 데리고 갔다. 의사선생님은 온유가 약시일 가능성이 높으니 몇 가지 정밀검사를 하자고 했다. 온유는 검사를 받을 때 눈에 이물질이 들어가는 것이 싫었던지 한참을 짜증내며 울었다.

"온유야, 왜 그런지 말을 해야 달래 주지."

온유는 대답도 않고 꺼이꺼이 울다가 스르르 잠이 들었다. 울다가 지쳐 잠이 든 줄 알았는데 의사선생님은 깊이 잠든 온유를 보며 이렇게 말했다.

"이 약은 산동제라는 거예요. 동공을 확장시킨 후 고정해서 눈 안쪽까지 잘 보려고 넣는 약으로 안구의 팽창된 부분을 펴지게 하는 효과가 있어요. 이 약을 넣으면 온유보다 많이 큰 초등학생들도 꾸벅꾸벅 졸다가 잠들곤 하는데, 사람에 따라 통증을 호소하기도 해요."

선생님의 설명을 듣고 나니 눈에 물이 들어가는 정도인데 왜 그리 짜증을 내냐며 다그쳤던 것이 미안해졌다. 갓난아기 때는 울기만 하면 그만한 이유가 있겠지 하고 젖을 물리든지 기저귀를 갈아 주었는데, 어느새 나는 아이의 울음과 짜증에 인색해져 있었다. 아직 다섯 살밖에 되지 않았는데….

검사가 다 끝난 후, 온유가 좋아하는 버블티를 사주며 아빠가 온유를 이해하지 못해서 미안하다고 사과했다.

"아빠, 아까는 너무 따가워서 울었어요. 미안해요."

언제 그렇게 짜증냈는지 모를 정도로 온유는 원래 컨디션으로 돌아왔다. 고맙고 사랑스러웠다.

아내는 온유가 눈이 안 좋아서 병원에 간 것이 눈이 나쁜 자기 때문인 것 같다며 미안해했다. 이렇듯 부모는 언제나 자녀의 일로 자책하기 마련이다. 하지만 우리가 할 수 없는 역량은 그저 기도로 올려드려야 한다.

"하나님, 이 일로 누구도 자책하지 않게 해주세요. 검사 결과로 누구도 원망하지 않게 해주세요. 지금 우린 모든 이유를 알지 못하지만, 이 모든 과정을 통해 온유가 하나님의 용사로 잘 준비되게 해주세요."

아이처럼 소리 내어

밥을 먹는데 온유가 조용해서 물었다.

"온유야, 기도 안 할 거야?"

"응? 했는데?"

"아빠는 아무 소리도 못 들었는데?"

"마음으로 했어. 아빠 엄마처럼."

여섯 살 온유는 자신이 제법 어른이 되었다고 생각하는지 아빠 엄마처럼 마음속으로 기도했다고 말했다.

나는 아이들의 기도 소리를 듣는 것이 참 좋다. 어른은 생각도 못하는 말과 생각이 기도를 통해 흘러나오기 때문이다. 또한 기도를 통해 아이들이 무슨 생각이나 고민을 하는지 살필 때가 많아서 아이들이 소리 내어 기도해 주기를 바라는 마음이 크다.

　아내와 나는 마음으로 기도하는 온유가 다시 소리 내어 기도해 주기를 바라는 마음을 담아 이렇게 다시 큰 소리로 기도하기 시작했다.

　"하나님, 이것 먹고 건강하게 해주시고 좋은 친구 되게 해주시고 예수님 더 사랑하게 해주시고 오늘은 특별히 지혜가 필요합니다. 지혜를 주시고…."

아빠는 꼭 예수님 같아

집에 들어오자마자 대자로 뻗어 누웠다. 얼마 동안 바쁘게 집중하던 일이 있었는데 신경을 많이 썼더니 몸이 안 좋았다. 내가 눕자 아이들이 소리를 지르며 달려들었다.

"와~ 우리 아빠다!"

서로 경쟁적으로 얼굴을 비비대다가 온유가 나를 빤히 쳐다보며 말했다.

"아빠, 아빠는 꼭 예수님 같아."

"응? 아빠가 왜 예수님 같아?"

"지금 팔을 이렇게 벌리고 있잖아. 다리를 조금 모으면 십자가에 달린 예수님이랑 꼭 닮았어."

예수님의 성품이나 분위기를 닮았다는 말이 아니라 십

자가에 달린 예수님의 모양을 닮았다는 말이었다. 지켜보던 아내와 함께 웃음이 터졌다.

나는 한참을 누워서 온유의 말을 생각해 보았다. 큰 대자로 뻗은 모양이 아니라 정말 성품이며 마음이 예수님을 닮을 수 있다면 얼마나 좋을까? 함께 사는 가장 가까운 이들이 내게 그렇게 말해 준다면 얼마나 좋을까? 나보다 나를 더 잘 아시는 주님이 나를 착하고 충성된 종이라 불러 주시면 얼마나 기쁠까?

왜 동생을 더 예뻐해?

온유는 가끔 서운함을 표현한다. 아빠 엄마의 손길이 동생에게 더 가는 것처럼 느껴지는 모양이다.

"왜 아빠 엄마는 소명이를 더 예뻐해?"

나는 책상 앞으로 온유를 데려와 무릎에 앉혔다. 그러고는 그동안 찍은 온유의 사진과 영상들을 보여 주었다. 온유가 기억하지 못하는 그 너머의 시간들을, 우는 것밖에 할 수 없었던 그 시간들을, 그리고 엄마의 품이 전부였던 그 시간들을…. 다 추억하지도 못할 그런 깊은 시간들을 말이다.

"온유야, 소명이에게 더 손길이 가는 건 아빠 엄마가 소명이를 더 사랑해서가 아니라 소명이가 아직 어려서 그런 거야."

사진을 통해 자신도 충분한 사랑을 받고 있음을 느끼게 되었는지 온유는 어린 시절의 사진을 보는 내내 참 행복해 보였다.

소명이의 생일이 되었다. 온유가 어젯밤부터 뚝딱뚝딱 뭘 그리 열심히 만드나 했는데 오늘 아침, 생일을 축하하는 종합선물편지를 내놓았다.

"소명아, 오늘 생일이지? 누나가 생일 축하해. 사랑해."

자신이 기억하지 못하는 시간 속에서 사랑을 확인하게 된 온유는 동생에게 미안했는지 더욱 사랑한다, 사랑한다 말해 주었다.

"내가 너희를 사랑하였노라 하나 너희는 이르기를 주께서 어떻게 우리를 사랑하셨나이까 하는도다" 말 1:2

하나님은 우리가 아직 원수 되었을 때, 자신의 하나밖에 없는 아들을 내어주심으로써 우리를 향한 그분의 사랑을 확증하셨다.

아프면 울어도 괜찮아

"아빠, 나 오늘 손가락 다쳐서 무지 아팠다?"

잠자리에 누워 이야기를 나누다가 온유가 손가락을 보여 주며 말했다.

"그랬어? 어디 보자. 많이 아팠겠다."

"응. 근데 나 울지 않았어!"

"왜?"

"아빠가 전에 아프리카 친구들 때문에 우는 거 아니면 울지도 말랬잖아. 그래서 나 웬만하면 울지 않아."

순간 이게 무슨 말인가 싶어 생각하다가 전에 온유를 혼낸 일이 떠올랐다. 아마도 그때 그 말을 했던 모양이다. 말한 사람은 잘 기억하지도 못하는데 딸아이 혼자서 기억하고 있다는 것이 대견하기도, 미안하기도 했다.

"온유야, 아프면 그냥 울어도 괜찮아. 엄마가 온유를 낳을 때도 많이 울었어. 많이 아팠거든. 이렇게 예쁜 딸을 낳으려고 아팠나 보네. 아프면 울어도 괜찮아. 알겠지?"

음식 투정을 부리다

아내가 만들어 준 별미, 해물칼국수를 아이들과 맛나게 먹다가 온유가 마지막에 호박을 남겼다.

"나 호박은 안 먹을 거야."

가끔 이렇게 음식 투정할 때를 제외하면 온유는 밥을 잘 먹는 편이다. 그런데 오늘따라 유난히 입을 막고 고개를 절레절레 흔드는 온유와 계속 실랑이를 벌이다가 결국 특단의 조치를 취했다.

"온유야, 그럼 오늘 하루 종일 아무것도 먹지 않는 거야."
"유치원에서 먹는 간식도?"
"응. 아무것도."
"내일도?"

"아니, 오늘만 안 먹고 내일은 먹을 거야. 온유가 매일매일 아무것도 먹지 않으면 아빠 마음이 아프겠지만, 오늘 하루 굶는 건 온유가 건강하니까 문제없어."

"정말 오늘은 아무것도 못 먹는 거야?"

"물은 먹게 해줄게. 안 마시면 병들 수 있으니까."

온유의 얼굴에 근심이 가득했다. 그래도 고집 있는 아이라 먹지 않기로 한 결단을 쉽게 철회하지는 못하는 듯했다.

"온유야, 네가 밥을 먹다가 배가 불러서 더 이상 못 먹겠다면 남겨도 괜찮아. 그때는 아빠도 먹으라고 말하지 않아. 김치나 고춧가루처럼 매워서 못 먹는 것도 마찬가지야. 그건 온유가 할 수 없는 일이니까. 하지만 평소에 호박은 잘 먹었잖아. 먹을 수 있는데 먹기 싫어서 남긴다면 그만한 벌칙이 있어야 할 것 같아. 그래서 호박을 남기는 대신, 오늘은 하루 종일 굶는 것도 괜찮을 것 같아.

온유가 매일 기도하는 아프리카 친구들 기억나지? 먹을 게 없어서 땅에 버려진 것들을 주워 먹는 친구들 말이야. 음식을 이렇게 버리면 그 친구들한테 너무 미안하지 않을까? 온유가 그 친구들을 위해 기도하는 것도 귀한 행동이지만, 이렇게 먹을 수 있는 음식을 먹는 것도 용기 있는 행동이라고 생각해."

잠시 후, 온유가 조금 남긴 호박을 말없이 먹기 시작했다. 온유가 그릇을 다 비우고 난 뒤, 어마어마하게 맛난 음식과 칭찬들이 아이에게 쏟아졌다. 젤리와 케이크와 참 잘했다는 아빠 엄마의 치켜 세운 엄지손가락과 환호, 박수소리까지.

그저 남긴 호박 몇 조각을 먹었을 뿐이지만 나는 자신의 말을 철회하고 다시 행동하기까지 이 어린아이가 가졌을 고민의 흔적을 칭찬해 주고 싶었다. 아이는 쉼 없이 실수하고 잘못된 행동을 한다. 그러나 자신의 잘못을 인정하고 행동을 고친다면 이 얼마나 박수받아 마땅한 행동인가.

내가 동생 대신 맞을게요

소명이가 또 엄마의 얼굴을 밟고 지나갔다. 앞을 보지 않고 뛰어다니는 소명이를 혼내려는데 온유가 동생을 안으며 앞을 가로막았다.

"소명이 대신 온유가 야단맞을 거야?"

"응!"

"그럼 손바닥 펴. 세 대 맞을 거야?"

한 대! 두 대! 세 대!

우리 집 회초리는 드럼스틱이라 생각보다 아프다. 온유는 이내 눈물을 뚝뚝 흘리며 울기 시작했다.

"온유야, 많이 아프지?"

눈물을 흘리며 고개를 끄덕이는 온유에게 이어서 말

했다.

"온유야, 동생이나 친구를 보호해 주는 건 이렇게 생각만큼 쉽지 않아. 이런 걸 대가를 지불한다고 말하는 거야. 다음에도 온유가 소명이를 대신해서 야단을 맞는다면 그때도 이만큼 아플 것 같아. 하지만 온유가 동생을 위해 한 행동은 정말 용기 있는 행동이었어. 그래서 아빠 엄마는 온유가 자랑스러워."

아직은 여섯 살밖에 되지 않은 아이지만 온유는 오늘 경험이 좋았던 모양이다. 자신이 어린 동생을 돌봐 주었고 그 과정에서 아팠다는 것과 아빠 엄마가 자신을 자랑스럽게 여겼다는 사실이 말이다.

"그리고 온유야, 오늘 온유가 소명이의 잘못을 대신 감당한 것처럼 온유가 맞을 매질과 아픔, 죽음을 대신 짊어지신 분이 바로 예수님이란다."

아빠 품에서 성경 읽는 아이

몇 달 전부터 온유에게 틈나는 대로 성경을 읽어 주고 있다. 그전까지는 어린이를 위한 스토리 중심의 성경을 읽어 주다가 최근부터는 내가 읽는 번역으로 읽어 주고 있다. 그런데 아이에게는 어려운 말들이 많아 조심스러웠다.

"온유야, 지금 무슨 내용인지 이해했어?"

"아니, 모르겠어."

"그러면 여기까지만 읽을까?"

"아니, 조금만 더 읽어 줘."

온유는 성경을 이해하는 것보다 아빠 품에서 성경 읽는 느낌이 좋아 조금만 더 읽어 달라고 말하는 것 같았다. 나는 말초적이고 자극적인 것이 가득한 시대라서 '지금 아니면 언제 아빠에게 성경을 읽어 달라 할까'라는 생각에 졸린 눈을 비비고 정신을 바짝 차려 아이에게 조금이라도 더 성경을 읽어 주고 싶다.

그러다가 지난주부터 온유가 이해할 수 있는 말과 상황들로 바꾸어 성경을 읽어 주기 시작했다. 그리고 말씀을 읽기 전에는 이렇게 기도했다.

"성령님, 이 말씀들이 아빠 엄마에게도, 그리고 온유와 소명이에게도 이해될 수 있도록 도와주세요."

나는 성경의 본문을 따라 온유가 이해할 수 있는 말로 전하면서 꼭 기억했으면 하는 말씀은 몇 번을 반복해서 읽고 되물었다. 마지막에는 함께 읽은 말씀을 기억하며 온유가 나를 따라서 한 문장씩 소리 내어 기도했다.

"하나님, 오늘도 이 밤에 아빠와 성경을 읽었습니다. 남자만 5천 명이 넘는 무리를 불쌍하게 여기셔서 물고기 두 마리와 떡 다섯 개를 들고 축복하고 기도하신 예수님, 예수님께서 축복하시니 모두 배불리 먹고도 열두 광주리나 남았다는 말씀을 읽었습니다. 물고기 두 마리와 떡 다섯 개처럼 작은 도시락 같은 우리도 축복해 주셔서

5천 명이 넘는 사람들을 먹일 수 있는 사람으로 자라게 도와주세요. 예수님의 이름으로 기도합니다. 아멘."

이 말씀이 좋아

"아빠, 난 이 말씀이 가장 좋더라."
"응? 어떤 말씀?"
온유가 손가락으로 말씀을 가리키며 얘기했다.

"우리는 그가 만드신 바라 그리스도 예수 안에서 선한 일을 위하여 지으심을 받은 자니 이 일은 하나님이 전에 예비하사 우리로 그 가운데서 행하게 하려 하심이니라" 엡 2:10

며칠 전 온유가 여름성경학교에서 성경책을 만들었다. 자신이 손수 종이를 붙여 만든 것이라 며칠 동안 품에 꼬옥 끼고 있었다.

"아빠, 하나님이 우리를 만드셨다는 말이잖아. 그리고 선한 일을 위하여 지으셨대. 그래서 난 이 말씀이 좋아."

온유의 손가락을 따라 말씀을 따라 읽는데 눈물이 났다.

어제는 희귀난치성질환 관계자들을 만나서 인터뷰를 마치고 지하철 안에서 받아온 수기를 읽었다. 짧은 토막 같은 이야기들이었지만 눈물이 쏟아져서 도저히 한숨에 읽을 수가 없었다. 결국 몇 개의 글을 읽다가 책을 덮었다. 가슴이 너무 먹먹해서 밤에 동료들과 모여 기도할 때 아픈 친구들을 위해 함께 기도했다.

지금은 아픔과 고통에 대한 답을 알 수 없지만 시간이 지날수록 조금씩 이해되는 부분이 있다. 그런 의미에서 과거는 감사로, 현재와 미래는 여전한 두려움으로 남아 있다.

"아빠, 하나님이 우리를 만드셨다는 말이잖아."

온유와 함께 다시 한 번 말씀을 따라 읽었다. 나도 이 말씀이 참 좋다. 이 말씀은 두려움이 아닌 소망을 이야기하고 있기 때문이다. 간혹 아이들은 하늘에서 내려온 보석 같다는 생각이 들곤 한다.

아이가 선사하는 웃음

"아빠, 나 배 아파. 전처럼 기도해 줘."

"소명아, 들었지? 누나가 배 아프대. 아빠가 지금 바쁘니까 소명이가 누나 아프지 않게 기도해 줄래?"

"응. 알았어."

소명이는 엄마가 늘 하던 것처럼 누나의 겉옷을 올리고 아픈 배 위에 살며시 손을 올려 즐겁게 기도하기 시작했다.

"날마다 우리에게 양식을 주시는 은혜로우신 하나님 참 감사합니다. 아멘."

"소명아, 그건 배 아플 때 하는 기도가 아니라 밥 먹을 때 하는 기도잖아!"

오늘이라는 유효기간을 가진 행복

내 방에는 오래된 카메라가 몇 대 있다. 창고에 두려다가 그냥 선반에 장식해 둔 기기들이다. 아침에 온유가 방에 들어와서 카메라를 만지작거리며 말했다.

"아빠! 아빠는 사진작가도 아닌데 왜 이렇게 카메라를 몇 대씩이나 가지고 있는 거야?"

"응? 온유야, 아빠는 사진작가 맞는데?"

"응? 아…."

고개를 끄덕이는 온유에게서 이제야 모든 구슬이 꿰어진다는 듯한 표정을 읽었다. 그동안 아빠가 왜 사진을 찍고 다녔는지, 왜 아프리카와 여러 나라를 다녔는지를 이해하게 된 우리 딸. 아내와 이 이야기를 하며 얼마나 웃었는지 모른다.

여섯 살이 되면서 온유는 알게 된 것도, 할 수 있는 것도 많아졌다. 어제는 목욕하는 엄마의 등을 타월로 밀어 줬다고 한다. 타월이 커서 벗겨질까 봐 손을 고양이 발톱 모양으로 세우고 등을 미는 바람에 엄청 아팠노라고 아내는 말했지만 무척 대견스러워 했다.

오늘까지 자란 아이들이 우리에게 주는 행복은 오늘의 유효기간을 가진다. 바로 지금만 느낄 수 있는 이 웃음을 꼭 붙잡아 두고 싶다.

유치원에서도 기도하고 싶어요

"엄마, 왜 자꾸 잊는 걸까?"

유치원 점심시간마다 기도해야지 생각하는데 깜빡 잊을 때가 많다며 온유가 속상해했다. 그래서 며칠 전에는 점심에 기도할 수 있는 선교원에 다니고 싶다는 의견도 내놓았다.

아내와 나는 유치원에서 기도를 하고 돌아오는 날에는 칭찬 스티커를 붙여 주기로 결정했다. 기도하지 않았다고 훈육을 하게 되면 매가 무서워서 기도하게 될 것이기 때문이다. 스스로 흥이 나서 즐겁게 기도하는 습관을 가지게 하고 싶었다.

오늘은 온유가 환하게 웃으며 유치원에서 돌아와서는

가방을 벗기도 전에 이야기를 쏟아내기 바빴다.

"아침을 먹을 때 기도했거든. '하나님, 제발 오늘은 유치원에서 점심 먹을 때 기도하는 걸 잊지 않도록 해주세요'라고. 그런데 점심을 먹는데 기도해야겠다는 생각이 들었어. 그래서 오늘은 잊지 않고 기도했어. 아, 기분 좋아."

하나님은 우리 친구잖아요

"얘들아, 여리고 성은 누가 무너뜨렸을까?"

"저는 아니에요. 소명아, 네가 그랬니?"

"아니야, 나는 안 그랬어. 누나가 그랬어."

"난 아니야. 소명아, 솔직하게 말하는 편이 좋아. 그러면 야단맞지 않거나 덜 야단맞을 수 있어."

이렇게 둘이서 토닥거리며 장난치는 이야기를 듣다 보면 그 속에서 작은 보석들을 발견하게 된다.

"있잖아요. 하나님은 무서운 것 같아요."

"그게 무슨 말이야?"

"다른 건 하나도 안 무서운데 하나님은 무서워요. 죄를 지으면 무서워지잖아요. 그런데 또 좋아요. 우리 죄를 대신

해서 죽었잖아요."

혼자서 종알거리는 온유가 신기해서 한참을 쳐다보았다. 누나 옆에서 말을 주워 받은 소명이가 이야기를 거들었다.

"아빠, 저도 하나님이 무서워요. 그런데 좋아요. 왜냐하면 하나님은 우리 친구잖아요."

아이가 괴물이 되더라도

늦은 밤, 아내와 온유가 소곤소곤 이야기를 나누었다.

"엄마, 내가 만일 괴물이라면 어떻게 할 거야? 진흙에서 뒹굴다가 집에 돌아오면?"

"그러면 갖다 버려야지."

엄마의 장난스러운 반응에 온유의 입이 삐죽 튀어나왔다.

언젠가 온유에게 읽어 주었던 동화책 이야기이다. 동화책 속의 엄마는 아이가 괴물이 되어도 여전히 아이를 사랑한다는 내용이다.

엄마는 따뜻한 목소리로 다시 말을 건넸다.

"온유야, 온유가 만약 괴물이 되어 진흙을 뒹굴어도 엄마는 온유를 사랑해. 온유가 괴물이 되어 집이 다 부서져도 엄마는 온유를 사랑한단다. 네가 괴물이 되어⋯ 이렇게 되어도, 그래도 엄마는 여전히 너를 사랑해."

온유가 흘러내리는 눈물을 손으로 연신 닦아냈다. 의외의 반응에 아빠도, 엄마도 조금 놀랐다. 이제 만족했다는 듯 온유는 새근새근 잠이 들었다. 나이 어린 소명이를 더 돌봐 주는 모습에 엄마의 사랑을 확인하고 싶었던 모양이다. 동화책에 나오는 동화 같은 사랑을 자기 자신도 받고 있다는 생각에 감격했나 보다.

언젠가 기도 중에 주님은 우리에게 말씀하셨다.

"아이들을 더 안아 주고 더 사랑한다고 말해 주렴."

너무나 일반적이고 상식적인 말이지만 아이들이 커갈수록 그렇게 하지 못한 것 같다. 문득문득 주님이 마음에 일러주신 이 말이 생각나서 의지적으로 한 번 더 안아 주고 한 번 더 사랑한다고 말한다. 한없이 부족한 나를 주님이 여전히 사랑해 주시는 것처럼⋯.

하나님이 세상에 어디 있냐?

소명이가 아끼던 장난감을 잃어버렸다. 속상한 소명이에게 온유가 말했다.

"소명아, 우리 하나님께 기도하고 같이 잘 찾아보자."

"칫, 하나님이 세상에 어디 있냐?"

다섯 살 장난꾸러기 소명이는 이렇게 생각 없이 이것저것 다 말해 버린다. 그런데 소명이의 말에 온유가 깜짝 놀랐다.

"엄마, 어떡해요. 소명이가 하나님이 없대요."

그러고는 소명이를 붙들고 설득하기 시작했다.

"소명아, 네가 유아부 나가잖아. 거기서 하나님께 기도하고 찬양하고 있는데 하나님이 없으면 어떻게 하니? 우리가 함께 배웠잖아. 하나님이 세상을 이처럼 사랑하사 독생자를 주셨으니…. 하나님이 우리를 사랑하셔서 예수님을 보내 주셨는데 하나님이 안 계시면 우리는 어쩌냐?"

 그렇다. 하나님이 안 계시면 우리는 정말 어찌할 수 없는 존재이다.

엄마가 미안해

일곱 살이 된 온유는 제법 자기주장이 강해졌다. 오늘은 유치원 등원 시간이 늦었는데 다른 옷을 입겠다며 고집을 부렸다. 엄마에게 혼이 나고서야 겨우 대문을 나섰는데 그렇게 혼내고 나면 온유뿐 아니라 아내 마음도 편치 않다. 아내는 하나님 아버지의 마음을 구하며 온유에게 편지를 남겼다.

사랑하는 우리 딸 예쁜 온유야,
그리고 사랑 많은 우리 온유야,
엄마를 사랑한다는 온유의 편지는 수없이 받아왔는데
엄마는 이제야 편지를 써 보네.

우리 온유, 오늘 아침에 많이 속상했지?
다른 옷 입고 싶어 하는 온유에게 시간 없다는 이유로
엄마가 짜증 가득한 목소리로 혼내기만 하고….
그렇게 보내고 나니 엄마 마음도 참 아프고 속상했어.
엄마 마음은 우리 온유에게 늘 좋은 것,
맛있는 것을 주고 싶고 늘 행복하게 해주고 싶은데
엄마도 가끔은 실수할 때가 있는 것 같아.
그래서 우리 온유를 힘들게 한 것 같아.
엄마가 너무 미안했어.
그리고 엄마 딸로 자라 주어 참 고마워.
엄마는 온유를 정말 사랑해.
세상 그 누구보다도 사랑하는걸.
앞으로 더 많이 아껴 주고 더 잘하도록 노력할 거야.
우리 서로 이해하고 배려하며
서로 사랑하기를 함께 배워 나가자꾸나.
사랑해 온유야.

아이들을 키울 때, 이런 아이로 자라면 좋겠다는 맘이 들 때가 있다.

"정직한 아이가 되었으면 좋겠습니다."
"성실한 아이로 자라나면 좋겠습니다."

"하나님을 경외하는 아이로 자라나면 좋겠습니다."

그런데 이런 소원을 아이에게 말한다고 해서 아이가 그렇게 자라나는 것은 아니다. 아이가 자라길 바라는 방향으로 부모 역시 그렇게 살아야 한다. 사랑하며 살라는 말을 통해 사랑하는 아이가 되는 것이 아니라 사랑하는 부모를 통해 아이는 사랑을 배우고, 미안하다고 사과하는 부모를 통해 아이는 사과하는 법을 배우기 때문이다. 그런데 이것은 단순하지만 생각처럼 쉽지 않다.

하원을 하고 돌아온 온유가 엄마의 편지를 읽고는 아침에 옷 때문에 떼를 부려서 죄송하다는 말과 함께 엄마가 있어서 정말 좋다는 답장을 썼다.

아내가 온유에게 남긴 편지글처럼 부모 또한 서로 사랑하기를 노력하고 꾸준히 배워나가야 하는 존재이다.

아픈 기억 모두 지워 줄 수 있다면

소명이가 많이 혼났는데 나중에 온유가 와서 이렇게 말했다.

"소명이가 혼나는데 제가 대신 야단맞는다고 할까 고민했어요."

"아니야, 소명이가 잘못했으니까 소명이가 혼나는 게 맞아."

"그런데 아빠, 나 여섯 살 때 소명이 대신 혼났었죠?"

작년에 소명이가 혼날 때 온유가 대신 야단맞겠다고 나선 적이 있다. 그때 그에 대한 대가가 쉽지 않다는 걸 알려 주기 위해 나는 일부러 아프게 매를 들었었다.

"그때 나 많이 아팠어요."

온유는 피식 웃으며 그때 일을 이야기했지만 나는 당황

스러웠다. 아직까지도 그때의 아픔을 기억하고 있는 줄 몰랐기 때문이다. 황급히 지우개 따위로 그 아픈 기억을 지우고 싶었지만 당장 내가 할 수 있는 방법은 그 무엇도 없었다. 다만 매일 그보다 더한 사랑으로 덮어야 한다는 사실을 다짐할 뿐이다.

지금 아니면 언제

 아내가 보내 준 사진이다. 아내는 온유와 소명이가 아빠 양쪽에 달라붙어 기도하는 모습이 하도 웃겨서 찍었다고 했다. 온유는 온유대로 자신의 기도를 하고 있었고, 소명이는 아빠 기도를 흉내 내며 기도 반 장난 반 해 가며 무릎을 꿇고 있었다. 나는 셋이서 나란히 허리 살 빼꼼히 보이는 사진을 보며 한참을 웃었다.

 "시간이 부족해"라는 말은 자기 경영을 하지 못하는 사람의 변명이라고 한다. 그런데 지금 나는 시간이 부족해서 밀려 있는 일들이 너무나 많다. 꼭 해야 할 일도 있지만 일들 때문에 아이들이 뒷전이 되고 있다는 것을 느낀다. 이래서는 안 되겠다는 절박감이 생겼다.

아이들을 잘 돌봐 주는 자상한 아빠는 아니지만, 오늘은 잠자리에 누운 온유의 수다를 가만히 들어주었다. 아이들은 내가 궁금해하는 질문을 자동판매기처럼 바로 답해 주지 않는다.

"온유야, 어제 유치원에서 무슨 일 있었어?"

딸의 일상을 물어보아도 자신의 관심에만 집중되어 단답형으로 말하고 끝나 버릴 때가 많다. 하지만 어느 때는 자야 할 시간이 훌쩍 지났음에도 끝없이 자신의 이야기를 늘어놓을 때가 있다. 당장 할 일 많은 아빠는 이런 아이를 진정시키고 이야기를 다음으로 미뤄야 할까?

'지금 아니면 언제 이 아이의 생각을 들여다볼 수 있을까? 지금 아니면 언제 이 무한한 상상력을 엿볼 수 있을까?'

내가 정말 중요하다고 생각하는 일은 무엇인가? 그래서인지 꼭 해야 할 일들이 자꾸만 늘어간다. 내게는 정말 시간이 부족하다. 잠을 줄여서라도 꼭 해야 할 일들을 하고 싶다.

아빠가 쉬는 시간을 갖게 해주세요

"친구들과 놀 때 나만 이빨 안 빠졌다고 막내 시켰거든. 그래서 나는 언제 이빨 빠지나 했는데… 드디어!"

온유가 완전 신이 났다. 며칠간 아랫니가 흔들렸는데 메롱 하고 혀를 내밀다가 뚝 하고 빠진 것이다. 밤늦게까지 맹구 놀이를 하다가 잠이 든 온유를 바라보며 또 이만큼 성장한 모습에 가슴이 뭉클했다.

요즘 온유는 기도할 때마다 아빠 엄마가 할아버지 할머니가 되어 빨리 죽지 않게 해달라고 기도한다. 엄마가 죽지 않고 자기 곁에만 남아 준다면 손 하나 까딱하지 않아도 된다고, 자기가 요리와 청소, 설거지, 빨래 몽땅 다 해줄 것이라고 공약까지 내걸었다.

차 안에서 온유가 기도를 했다. 나는 기도의 마지막 문장을 들으며 여러 생각이 들었다. 희귀난치성질환을 앓는 아이의 병원비와 생활비를 모으기 위해 몇 달간 뛰어다녔는데 온유는 그런 아빠가 쉬는 시간을 갖길 바란다고 기도를 드렸다.

　쉼…. 내일은 오랜만에 아이들과 시간을 보내야 할 것 같다.

"예수님, 오늘 하루 잘 보내게 해주셔서 감사합니다. 지금 집에 갈 때 사고 나지 않게 해주시고 엄마 아빠 늙어서 빨리 죽지 않게 해주시고 소명이랑 나랑 엄마 아빠, 한 살씩 더 먹습니다. 엄마 아빠가 우리 많이 크면 할머니 할아버지가 됩니다. 할머니 할아버지가 될 때도 하나님을 기억하게 해주세요.

이제 소명이가 유치원에 가게 될 텐데 더 지혜로운 아이로 자라게 해주시고 유치원에서 밥 먹기 전에 기도 잘하게 해주시고 아빠가 돈을 모으려고 많이 일합니다. 쉬는 시간 많이 갖게 해주세요."

왜 자꾸 지는 거야?

온유는 이기는 것을 좋아한다. 그래서 게임할 때 일부러 져 주었더니 아주 기고만장해졌다. 나는 이기는 것만이 목적이 아님을 가르쳐 주기 위해 다음 게임에서 내리 두 번을 이겼다. 그랬더니 온유의 눈에 눈물이 맺혔다. 그때 나는 이렇게 말했다.

"전에는 아빠가 일부러 져 준 거야."

그런데 집으로 돌아오면서 내가 왜 그렇게 말했을까 후회가 되었다.

'초등학교에 입학했다고 온유를 다 큰 아이처럼 대하고 있는 건 아닐까? 아직은 어린아이일 뿐인데 모든 일에 가르침이나 교훈을 남겨야만 했을까? 그냥 아빠를 이겼다는

자신감 하나 안겨 줘도 괜찮았을 텐데….'

그래서 집에 돌아가면 오늘은 무조건 져 주어야겠다고 생각했다. 그런데 막상 체스판을 펼쳐 놓으니 온유보다 소명이가 체스를 하고 싶다고 졸라댔다. 결국 온유와 소명이가 체스 게임을 했고, 당연히 온유가 단번에 이겼다. 나는 계획을 바꿔 소명이와 게임을 했다. 소명이에게 체스 말들이 어떻게 움직이는지를 알려 주며 끊임없이 졌다. 온유는 그 모습을 한참동안 지켜보다가 물었다.

"아빠는 이길 수 있는데 왜 자꾸 소명이한테 지는 거야? 아빠는 지면 속상하지 않아?"

"온유야, 지는 게 다 속상한 건 아니야. 아빠는 소명이에게 자신감을 갖게 해주고 싶어. 그래서 져 주는 거야. 소명이가 충분히 할 수 있을 때가 되면 정식으로 힘을 겨뤄도 되지만 아직은 약하니까 아빠가 계속 봐주는 거야. 이게 아빠가 너희를 응원하는 방식이야."

몇 게임을 더 하다가 아이들이 차례로 잠자리에 들었다. 늦은 밤, 덩그러니 남아 있는 체스판을 보며 감사했다.

"주님, 언제까지 이런 시간을 보낼 수 있을까요? 이런 보석 같은 시간을 허락해 주셔서 감사합니다."

모든 문제에도 불구하고

"주님, 저를 저희 가정의 가장으로 삼아 주셨는데 아이들이 아픕니다. 제가 가장으로서 이 아픔을 책임지길 원합니다. 제가 온전히 서 있지 못함으로 인해 아이들이 연약합니다. 주님, 저를 긍휼히 여겨 주세요."

분명 모든 아픔이 우리의 연약함과 직결되지는 않지만 육체의 질병뿐 아니라 모든 문제가 이와 무관하다고 볼 수는 없다. 중요한 것은 모든 아픔과 절망 중에서도 주님으로 기뻐해야 한다는 것이다.

내 마음대로 움직여지지 않아서 나는 나를 더욱 신뢰하지 못하게 되었다. 그리고 내가 나를 신뢰하지 못하게 되면서 나는 주님을 더욱 신뢰하게 되었다. 문제가 없을 수는 없겠지만 모든 문제에도 불구하고 내 마음이 주님을 바라본다면 문제조차 내게는 감사의 제목이 된다. 문제가 일으키는 파고(波高)보다 주님을 바라보는 내 마음이 더욱 깊어지길 기도한다.

아이들도 억울할 때가 있다

동화책과 육아용품을 전해 주기 위해 찬영이가 살고 있는 태평동으로 향했다. 수선집을 지나 찬영이가 살고 있는 가파르고 좁은 골목에 들어서자 갑자기 소나기가 퍼붓기 시작했다. 차를 계속 이동해야 하는 오르막의 좁은 골목이라 나는 차에서 대기를 하고 아내가 트렁크에서 짐들을 꺼내 옮겼다. 차 안에서 아이들이 찬영이에게 전해 줄 책을 읽고 있었는데 아내는 어서 달라고 아이들을 재촉했다. 그 잠깐 사이에 아내는 비에 홀딱 젖었다. 짐을 들고 아내가 총총걸음으로 찬영이가 살고 있는 3층으로 올라가자 두 아이의 원성이 시작되었다.

"아니, 엄마는 말이야. 우리가 이렇게 안전벨트를 매고 있으면 잘 움직일 수 없다는 걸 모르나 봐? 빨리 주려고 해도 어쩔 수 없었단 말이야."

온유가 투덜거리자 소명이도 고개를 끄덕이면서 "맞아 맞아" 하고 맞장구를 쳤다. 차로 돌아온 아내에게 이 말을 전하니 아내는 아이들에게 이유를 설명하며 사과했다.

어른들은 늘 옳은 말을 한다고 여기지만 아이들도 분명한 자기 처지와 억울한 상황이 있다. 만약 그런 상황을 말로 표현하지 못한다면 속으로 삼키며 불만을 쌓아둘지 모른다.

요즘 자기의 입장을 이야기할 만큼 부쩍 자란 온유가 얼마나 사랑스러운지 모른다. 온유는 자기주장이 강한 아이라서 집안에서 유일하게 다투는 사이가 아빠와 온유, 엄마와 온유, 소명이와 온유이다.

며칠 전 차 안에서 온유가 이런 이야기를 들려주었다. 유치원에서 어느 친구가 자기를 반복적으로 괴롭혔단다. 하도 얄미워서 자기도 똑같이 대해 주고 싶었는데 마음 한편에 그렇게 하지 말고 용서해 주라는 마음이 들었다고 한다. 자기는 두 마음 중에 어떤 것을 선택할까를 고민하다가 결국 용서해 주는 마음을 선택했다고 한다.

"용서하는 마음을 선택하면 예수님이 나를 향해 환하게 웃으실 것 같아서 그렇게 했어."

혼자만의 시간을 갖게 된 아내

새벽에 아내가 잠을 자다 말고 기도하기 시작했다. 나는 잠귀가 밝은 편이라 잠시 아내의 기도를 돕다가 이내 잠이 들었다. 다음 날 아내에게 물었더니 밤사이 가위에 눌렸다고 했다. 그런데 그 순간 말씀으로 물리칠 수 있겠다는 마음이 들었더란다. 아내는 지속적으로 성경을 읽은 것이 도움이 되었다고 말했다.

온유가 초등학교에 입학함과 동시에 소명이도 유치원에 가게 되었다. 온유를 여섯 살에 유치원에 보낸 것처럼 소명이도 오랜 시간 집에서 양육했다. 그래서인지 소명이는 처음으로 다니게 된 유치원 생활이 마냥 즐거워 보였다. 때론 유치원에 더 있고 싶다며 서럽게 운 적도 있다. 그때 우리는 진땀을 흘리며 당황했지만 반면 감사하기도 했다. 아이가 새로운 환경에 잘 적응해 주었기 때문이다.

아내는 두 아이가 각각 초등학교와 유치원을 가게 되면서 더욱 바빠졌다. 아침에 온유의 손을 잡고 초등학교까지 데려다 주는 데 40분이 걸렸고, 돌아오면 바로 소명이의 손을 잡고 유치원으로 갔다. 그렇게 하면 오전 시간만 한 시간이 넘게 걸렸다. 집에 돌아오면 서둘러 청소와 정리를 시작하고, 이후 시간에는 성경을 펴서 집중적으로 읽었다. 요즘 이 패턴을 반복하고 있다. 이번 주면 성경의 절반을 다 읽는다.

지난 몇 주간 아이들이 초등학교와 유치원을 처음 경험하게 된 것처럼 아내도 겨우 몇 시간뿐이지만 8년 만에 혼자만의 시간을 갖게 되었다. 첫날, 아내는 혼자 있는 시간이 실감이 안 난다고 말했다. 그러고는 혼자 있는 시간을 어떻게 경영하느냐에 따라, 하나님을 어떻게 만나느냐에 따라 새로운 길과 방향을 만나게 될 것이라며 하루하루를 살아가고 있다.

지난밤 아내는 가위에 눌렸지만 그것이 아무것도 아닌 것같이 느껴졌다고 했다. 예수님 안에서 읽었던 말씀을 기억하고 선포했단다. 하지만 두꺼운 사슬 같은 묶임이 쉽게 끊어지지 않아 반복해서 선포하고 또 선포했단다. 과연 우리가 사는 날 동안 그 묶임이 완전히 끊어질 날이 올 수 있을까? 아내는 지속적으로 선포하고 또 선포하다가 다시 잠이 들었다고 했다.

밤사이의 싸움은 아내에게 좋은 경험이 되었다. 싸움의 승패보다 중요한 것은 주님의 말씀으로 오늘을 순종해서 싸우는 그 자체이다.

엄마의
고백

유치원에서 돌아온 소명이가 다시 유치원으로 가겠다며 생떼를
부렸습니다. 유치원 차량에서부터 시작된 몸부림…. 집에 안
가겠다는 아이를 집 문턱에 들이기까지 많은 시간이 소요되었
습니다.
갖은 설득과 노력에도 전혀 아랑곳하지 않고 울고불고 하는
바람에 내 몸은 땀으로 흠뻑 젖고 말았습니다. 5층까지 겨우
안고 들어왔는데 소명이는 세상에서 엄마가 제일 밉다고 말했
습니다. 그래도 나는 "엄마는 소명이가 세상에서 제일 좋다"고
웃으며 말해 줄 수 있었습니다.
예상치 못한 아이의 행동과 무슨 마음인지 걷잡을 수 없던 아이
의 마음을 품에 안고 함께 기도했습니다. 그럼에도 불구하고 내
마음을 지킬 수 있음이 또한 감사했습니다. 자고 일어나서야
소명이는 특유의 너털웃음을 지었습니다. 그 웃음이 모든 것을
말해 주는 것 같았습니다.

그 모든 것이야말로… 주님께서 잘 아시지요?
피곤이 몰려오는 이 밤이지만 더욱 마음에 생각나는 기도제목들이 있습니다.
"주님, 기도를 쉬지 않게 하시고 제 삶 깊숙이 다스려 주세요."
받은 복을 세어 봅니다. 가장 좋은 것으로 이끄시는 주님을 바라봅니다.

Chapter 3

마음의 진심은
아이를 꽃피운다

주님은 내게 가족과 얼마나 긴 시간을
함께하느냐가 중요한 것이 아니라
마음의 진심을 전하는 것이 중요하다고
가르쳐 주셨다

육아는 지식이 아니다

친하게 지내던 선배 부부 두 가정이 한 집에서 같이 살기로 결정했다. 두 가정 모두 건강한 기독교 세계관을 가지고 있었고, 자녀교육에도 관심이 많아 함께 살아가는 법을 배우기 위해 결정한 일이었다. 그런데 몇 달이 못 되어 서로 진저리를 치며 헤어졌다. 자신들의 교육 방식만을 고집하다가 아이의 마음도, 부모의 마음도 까맣게 멍들어 버리고 만 것이다. 이 사태를 가까이서 지켜보며 아내와 함께 오랫동안 기도했다. 도대체 무엇이 옳은가? 어떤 방식이 좋은가?

"결국 내 상태가 가장 중요한 것 같아. 내가 아무리 많은 책을 읽고 많은 육아 상식을 알고 있다 하더라도 내 컨디션이 안 좋으면 아이들에게 감정적으로 대하게 되더라고."

도서관에서 몇 권의 양육 책을 뒤적이다 아내가 내린 결론이다. 아내가 말한 '내 컨디션'은 결국 믿음과 자신의 영적 상태를 포함한 모든 것을 말한다.

언젠가 기도하다가 이런 글을 쓴 적이 있다.

"하나님을 사랑하면 하나님의 마음을 따라 순종할 수밖에 없습니다. 하나님을 가장 사랑하면 아내와 아이들을 가장 사랑할 수밖에 없고 사람과 자연, 하나님이 우리에게 사랑하라고 말씀하신 것을 사랑하지 않을 수 없습니다."

내가 주님 안에서 올바른 상태가 아닌데 열매를 맺으려 애쓴다면 그것은 쓴 진액만을 만들어 내는 것과 같다. 하지만 주님이 포도나무가 되어 주시고 내가 가지가 되면, 그리고 내가 그분 안에 머무르면 열매는 그분께서 열리게 하실 것이다.

아이와의 평범한 일상이 선교지가 되다

내일 할 일까지 오늘 밤에 다 해치워 버리고 싶은 마음이 있었지만 주님이 주신 마음의 감동이 있어서 회의를 서둘러 정리했다.

"실용적인 관점에서는 바보 같지만 아이들의 얼굴을 보고 가족이 함께하는 시간을 확보하는 게 하나님 나라 관점에서는 매우 중요한 것 같아."

언젠가 주님은 내게 들어가고 나갈 때마다 아이들을 안고 기도하라고, 그리고 잠들 때마다 아이들의 머리에 손을 얹고 축복하라고 말씀하셨다. 막내 소명이는 기도를 받을 때, 자기 차례를 기다렸다가 내 손에 자기 머리를 들이미는데 그때마다 얼마나 귀엽고 사랑스러운지 모른다. 주님은 내게 가족과 얼마나 긴 시간을 함께하느냐가 중요한 게 아니라 바쁜 시간에도 그들과의 시간을 소중히 여기려는 내 마음의 진심을 전하는 것이 중요하다고 가르쳐 주셨다.

며칠 전에 아내가 말했다.

"만약 그리스도의 마음이 있는 곳이 선교지라면 내가 아이들과 보내는 평범한 일상은 선교사를 키워내는 선교지인 것 같아."

아내의 고백이 내 안의 울림이 되어 돌아왔다. 어느새 평범한 일상이 선교지가 되었고 장난꾸러기 어린아이들은 선교사가 되어 있었다.

내가 좋아하는 전도서 말씀이 있다.

"곧 작고 인구가 많지 아니한 어떤 성읍에 큰 왕이 와서 그것을 에워싸고 큰 흉벽을 쌓고 치고자 할 때에 그 성읍 가운데에 가난한 지혜자가 있어서 그의 지혜로 그 성읍을 건진 그것이라 그러나 그 가난한 자를 기억하는 사람이 없었도다." 전 9:14-15

"주님, 오늘의 모든 평범한 일상 속에서 저희가 옳게 분별하고 지혜롭게 선택할 수 있도록 도와주세요. 저희의 작은 일상과 순종을 통해 무너져 가는 이 성읍들에 주님의 나라가 세워지길 원해요. 사람들이 저희를 기억하지 않아도 괜찮아요. 주님이 알아주시면 충분해요. 주님의 지혜와 모략으로 이 하루를 채워 주세요."

갈등이 풀리고 질서가 세워지기까지

온유가 갖고 싶어 하던 아쿠아비즈를 선물해 주었는데 며칠간 이것 때문에 소명이와 티격태격 다투었다. "온유야, 소명이와 사이좋게 가지고 놀면 좋겠어"라고 하니 온유는 속상한 듯 눈물을 뚝뚝 흘리며 말했다.

"가지고 놀지 말라고 한 게 아니란 말이야. 나는 소중한 것을 아주 조금씩 아껴 가며 사용하는데 소명이는 한번에 다 써 버리려고 한단 말이야."

짧은 대화였지만 온유의 마음이 이해가 되어 이 갈등을 어떻게 풀어야 할지 난감했다. "그저 장난감일 뿐이잖아"라고 말하기에 지금 그것은 온유에게 매우 소중한 것이었기 때문이다.

감사하게도 하루 이틀 지나면서 놀이의 질서가 잡혔다. 늘 이런 식이다. 당장은 해결할 수 없을 것 같아 보이지만 시간이 지나면 아이들 나름의 규칙과 동의와 질서가 만들어진다. 아이들은 그렇게 소중히 여기던 것도 생각만큼 소중하지 않다는 것을 깨닫게 된다. 이제는 여러 색 중에 가장 많이 남은 색을 먼저 사용하기도 하고 서로에게 어울리는 모양을 만들어 주기도 한다.

오늘 소명이는 비즈를 가지고 하트를 만들어 누나에게 선물하며 이렇게 말했다.

"누나 마음에는 이런 하트가 있어. 이 하트는 예수님이 주신 마음이야. 누나 마음에는 예수님의 마음이 있어."

소명이의 말이 예쁘고 신기해서 이렇게 물어보았다.

"소명아, 아빠 마음에는 뭐가 있어?"

"죄!"

기다렸다는 듯 장난스러운 표정을 짓는 소명이를 보고 순간 당황스러워 웃음이 터져 나왔다.

"네, 주님, 제 마음에 가득한 죄를 회개합니다."

야단을 치기도 하지만

아이들은 아빠가 언제 야단치는지를 잘 알고 있다. 물으면 거짓말할 때, 짜증낼 때… 이렇게 하나씩 대답을 한다. 물론 실수로 잘못한 것은 야단치지 않는다는 것도 잘 알고 있다. 나는 아이들의 마음과 태도의 방향을 눈여겨보는 편이다. 그래서 주의를 주었는데도 계속하다가 잘못을 하면 아이들은 그것이 실수가 아니라는 것을 잘 알고 있다.

언제 야단맞는지 예측 가능해야만 아이들뿐 아니라 부모도 일관성을 지킬 수 있다. 하지만 그 일관성을 만들기란 쉽지 않다. 어제도 소명이가 발차기로 전기스위치를 스무 번도 넘게 두드렸고, 양치질을 하지 않겠다고 이리저리 도망 다녔다. 이럴 때는 야단을 치기도 한다. 훈계가 꼭 필요하다고 생각하지만 그럴 때마다 나는 우리 부모님 생각이 난다.

　나는 어릴 적 우리 아이들 못지않게 심한 장난꾸러기였다. 막내 외숙모가 피아노 학원을 하셨는데 요셉이는 도저히 못 가르치겠다고 울면서 말할 정도였다. 늘 뛰어다니다가 넘어져 얼굴이며 무릎이 성할 날이 없었고 깁스를 해 보겠다고 2층에서 일부러 뛰어내린 적도 있었다. 장난을 치다가 친구가 똥통에 빠져서 친구 부모님이 우리 집에 따지러 찾아오기도 했고 장롱에 숨어 이불 위에서 불장난을 하기도 했다. 친구의 생일이라고 집에 있던 가죽 소파를 가져다가 선물하기도 했다. 장난치다가 손톱이 빠지기도 했고 발목에 유리가 박혀서 수술한 적도 있다. 초등학교 통지서에는 주의가 산만하다는 문장이 빠지지 않았고 플레밍의 왼손법칙을 왼발법칙으로 바꿔 적는 등 중요한 시험의 답안에도 장난을 쳤다. 여기에 다 적을 수 없을 만큼 부끄럽거나 황당했던 사건 사고가 많았다.

　그런데 나는 단 한 번도 부모님에게 매를 맞아 보거나 혼나 본 적이 없다. 지금 생각해 보면 어떻게 그럴 수 있으셨을까 싶다. 부모님은 언제나 나를 믿어 주셨고 긍정적으로 바라봐 주셨다. 심지어 고등학교 시절에는 "방학 기간이나 보충수업, 자율학습 시간에 학교에 있고 싶지 않다"는 내 의견을 존중해 주셔서 그렇게 하도록 허락해 주시기도 했다.

이것은 훈계가 필요 없다는 말도, 이 방식이 옳다는 것도 아니다. 다만, 이 과정들을 통해 내 마음에 만들어진 수많은 별들이 있다. 한없는 믿음과 신뢰, 기다림, 인내, 책임과 지지, 아이들을 더욱 믿어 줘야겠다는 마음, 신실하신 주님의 뜻과 계획과 감사….

아이를 기르다 보면 잘되라고 훈육하고 또 잘못되지 말라고 훈육하게 된다. 그리고 그때마다 부모님이 나를 기다려 주시고 지지해 주시고 긍정해 주신 시간을 떠올린다. 지금 아이에게 정말 필요한 것이 무엇일까를 한 번 더 묻게 된다. 그래서 더욱 주님의 마음을 구하게 된다. 왜냐하면 주님께서 맡기신 아이들이기 때문이다.

나는 이 아이를 어떻게 길러야 할까?

아이가 살아갈 미래에 대한 막연함

"지금 온유는 뭘 하고 있을까?"

우리는 틈만 나면 궁금해했다. 온유가 처음으로 2박 3일간 집을 떠나 여름성경학교에 갔기 때문이다. 전날 밤에는 함께 모여 온유를 위해 기도했다. 좋은 시간을 보내고 돌아오기를, 믿음의 사람들을 만나기를, 예수님을 더욱 사랑하게 되기를….

물론 우리가 기도했다고 해서 눈에 띄는 대단한 변화가 있으리라고 기대하지는 않는다. 하지만 이 모든 과정이 의미 있다고 믿는다. 왜냐하면 자라나는 과정이기 때문이다. 아주 조금의 변화라도, 아니 그 변화가 당장 눈에 보이지 않는다 할지라도 내가 예수님을 만나기 위해서 충분한 시간이 필요했던 것처럼 아이에게도 충분한 시간이 필요할 것이라 믿기 때문이다. 나는 그 시간을 위해서 기도한다.

온유를 임신한 아내와 함께 기도할 때, 주님이 주신 마음이 있다.

"이 아이는 다음 세대의 용사가 될 것이다."

남자아이가 아닌데 용사라는 묵직한 단어에 아내와 웃었던 기억이 있다. 우리는 이 말씀이 오직 주님의 방법과 계획대로 이루어지기를 기도드린다.

나에게는 다가올 시대에 대한 막연한 두려움이 있다. 내가 살아온 40여 년의 시간만 해도 얼마나 큰 변화가 있었는가. 후배들은 태어날 때부터 MP3가 있었고 요즘 세대는 스마트폰을 당연하게 받아들이고 있다. 앞으로는 이런 변화를 더욱 예측 못할 것이다.

얼마 전 가상현실을 다루는 회사 '텍톤스페이스'에서 여러 프로젝트를 진행했다. 가상현실은 우리가 전에 경험하지 못한 것들을 현실로 가져올 것이다. 우리는 시공간을 넘어 상상의 것을 소유하게 될 것이다. 그것은 아픔과 절망을 치유할 수 있는 획기적인 도구가 될 수도 있을 것이다. 하지만 많은 경우에 치명적인 쾌락의 도구로도 사용될 것이다. 앞으로 우리는 영화 〈인셉션〉이나 〈매트릭스〉의 세계처럼 현실과 상상의 중간 지점에서 고민해야 할지도 모를 일이다.

　믿음의 선택으로 인해 감당 못할 시련과 시험을 경험하게 될지도 모를 다음 세대를 어떻게 양육해야 할지 가르쳐 달라고 주님께 기도드린다. 주님은 아이들이 이 시대를 살아갈 수 있도록 양육하라고 말씀하셨다. 똑똑하고 성공하는 아이가 아닌 주님의 마음으로 이 시대를 살아갈 수 있는 아이로 자라기를, 그러한 다음 세대가 일어나기를 매일 기도한다.

아이는 항상 변한다, 희망을 향해

언젠가 친구는 "입양을 하려면 두 아이를 낳아 본 후가 좋아"라고 말해 주었다. 둘째가 입양한 아이라면 '내 아이는 이렇지 않았는데 왜 이 아이는 이렇지?'라고 생각하는 경우가 많기 때문이다. 하지만 두 아이를 길러 보면 '내 배에서 나온 아이도 이렇게 다르구나'를 인정하게 되고, 그래서 입양한 아이를 이해하는 데 도움이 된다는 것이다. 결국 사람마다 각자의 특별함이 있는 것 같다.

"지금은 점심입니다. 오늘은 밖에 비가 옵니다. 비 그치게 해주시고 오늘은 하나님을 많이 사랑하게 해주시고 엄마 아빠 말 잘 듣게 해주시고 나랑 누나랑 싸우지 않게 해주시고 누나랑 나랑 엄마랑 아빠랑 예수님 사랑하게 해주세요. 예수님의 이름으로 기도합니다. 아멘."

요즘 소명이의 기도를 듣고 있으면 감사가 있다. 소명이는 온 가족이 기도할 때 혼자서 장난치거나 기도를 방해하기 일쑤였다. 돌아가면서 기도할 때면 소명이 차례에 엉망이 되어 버리곤 했다.

아이를 기르다 보면 갑작스러운 변화를 경험하는 경우가 있다. 이스라엘에서 집으로 안부전화를 했을 때 온유가 "아빠 좋아"라는 말을 했다. 온유가 처음으로 문장을 말한 날이다. 그때 얼마나 감격스러웠는지 모른다. 이렇게 갑자기 말을 시작한 것처럼 소명이가 기도를 하기 시작했다. 소명이는 기도가 어렵지 않다는 사실을 안 이후로 만나는 사람들마다 기도를 해주었다.

얼마 전에 유아부 선생님이 부친상을 당했다. 소명이는 선생님을 안아 주며 이렇게 기도해 주었다.

"하나님, 우리 선생님 도와주세요. 예수님만 바라보게 해주세요."

다섯 살 아이의 위로에 선생님은 눈물을 흘렸.

갑작스러운 아이의 기도를 유심히 살폈다. 하루의 날씨를 이야기하고 어제 누나와 다퉈서 속상했던 것을 말하고 자신의 소원을 이야기하고…. 아직 무엇을 어떻게 기도해야 할지 잘 모르는 듯했지만 기도가 어렵거나 곤란한 것이 아님을 분명히 알게 된 것 같다. 기도는 그저 예수님과 대화하는 것임을 말이다.

모락모락 피어나는 따스한 밥상 앞에서 예수님을 사랑하게 해달라는 아이의 기도가 얼마나 감사한지 모른다.

아이는 어른을 흉내 내며 배운다

차에서 내릴 때 온유가 놀리듯 말했다.

"아빠는 운전을 마치고 나면 늘 '주님, 감사합니다'라고 말해. 또 신발을 신고 나갈 때면 '주님, 도와주세요'라고 말해."

요즘 온유가 나를 관찰하면서 흉내 내곤 한다. 아빠를 놀리는 부분도 있지만 나는 개의치 않는다. 오히려 내가 잘 몰랐던 그 습관적인 신음들을 아이가 발견해서 알려 주고 있다.

"그래? 아빠가 그랬어? 어떻게 했는데?"

아이들은 어른을 흉내 내며 신앙을 배워간다. 온유가 네 살 때부터 어깨너머로 배운 기도들, 나는 그 기도들을 하라고 말로 전해 주어 가르치지 않았다. 다만 끊임없이 아이

옆에서 기도했다.

    며칠 전, 차를 타고 가다가 아이들이 노래를 지어 부르기에 녹음해 두었다. 아직 아이들에게는 기도와 예배, 놀이와 장난이 잘 구분되지 않는 듯하다. 하지만 이 장난스러운 기도와 찬양 속에서 주님이 우리와 함께 미소 짓고 계실 것이라 믿는다.

첫째와 둘째를 키울 때 느끼는 마음

첫째는 모든 게 처음이라 척척 해내는 모습을 보고도 그게 당연한 것처럼 여겨질 때가 많다. 때로는 엄격하게 대하기도 한다. 온유가 어릴 적에 아내가 펑펑 울면서 전화한 적이 있다. 아내는 소파에서 떨어져 우는 아이를 부둥켜안고 한참을 울었다고 했다. 첫째를 키울 때는 부모인 우리도 모든 것이 낯설어 어떻게 반응해야 할지 기준이 없었다. 부모로서 만나는 모든 것이 우리도 처음이었으니까.

반면, 둘째는 모든 것이 보다 여유롭다. 사건마다 당황하거나 긴장하지 않을 수 있는 것은, 이제는 비교할 대상이 있기 때문이다. 소파보다 높은 곳에서 떨어져도 제법 여유롭게 상황을 바라볼 수 있게 되었다. 첫째를 키워 본 경험이 있기에 그렇다.

　나는 둘째로 태어났다. 어릴 적엔 이것저것 항상 형이 먼저 가져가는 것 같아 동생은 왜 이렇게 불공평한 존재인가 불평했는데, 아이를 키워 보니 동생으로 태어난 게 얼마나 감사한지 모른다. 첫째에게는 늘 미안하고 안쓰럽고 둘째는 늘 귀엽고 사랑스럽다.

　온유는 동생 소명이를 붙잡고 학교놀이를 하거나 미션을 만들어 주곤 한다. 덕분에 소명이가 누나를 따라 성경 노래를 다 외웠다. 요즘은 받아쓰기 놀이에 흠뻑 빠져서 소명이가 누나 덕분에 글자를 하나둘 읽어 나간다. 그런데 어제 우연히 찾은 동영상을 보고 온 가족이 배꼽 빠지도록 웃었다. 온유가 다섯 살이었던 3년 전에도 지금과 똑같은 모양으로 소명이에게 학교놀이를 하고 있었기 때문이다.

"에이~ 그게 아니고 이렇게 쓰는 거야."
"온유야, 무슨 글자 가르쳐 준 거야? 온유도 글자 잘 모르잖아."
"야, 소명! '가' 써 봐, '가'. '가' 써 보라니까.
"소명이가 어떻게 '가'를 써."
"소명아, '나' 써 봐, '나'."
"소명이가 어떻게 '나'를 써."

"엄마~ 여기에(책상 위에) 낙서했다! 낙서했다!"

그때도 다 큰 아이처럼 온유를 바라보았는데, 온유에게 늘 동생을 챙기고 아껴 주라고 말했는데, 몇 년 전 동영상 속 온유의 모습을 보니 단지 첫째로 태어났을 뿐 아직 어린 아이였다.

아내는 아이들을 보며 '오늘이 가장 좋을 때'라고 자주 말한다. 사랑하기 좋은 때가 따로 있을까? 오늘이 사랑하기 가장 좋은 날이다.

늘 나를 반겨 주는 아이들

집이 경기도 광주라 서울로 나갈 때 바깥일을 한번에 여럿 처리하는데, 그렇게 일을 보고 집에 돌아오면 꽤 늦은 시간이 된다. 다행히 아이들이 잠들기 전에 귀가하면 아이들은 현관에서부터 소리를 지르며 달려와 나를 반겨 준다. 그럴 때면 나는 해야 할 산더미 같은 일을 잠시 미루고 사랑스러운 아이들의 얼굴을 바라본다. 만약 너무 늦은 시간에 귀가하면 아이들의 잠든 얼굴과 머리카락을 만지며 기도하는 것으로 대신한다.

급한 일을 먼저 하게 되면 아이들과 함께할 시간이 거의 없다. 나는 대단해 보이지 않고 급하지도 않지만 중요한 일은 '소중한 이를 마주 보는 것'이라 생각한다. 만약 이 생각을 마음에 담아 두고 있지 않으면 온갖 바쁜 일에 정신이 팔려 아이 얼굴 한 번 쳐다보기 어려울 것이다.

오늘은 조금 일찍 귀가했다. 아이들이 암송한 말씀으로 예배를 드리고 마지막 기도를 막내 소명이에게 맡겼다. '사랑을 받은 사람뿐 아니라 나쁜 사람도 예수님을 믿고 교회에 가야 한다'는 아이의 기도를 들을 때 내 마음이 간절해지는 것을 느꼈다.

건강한 사람에게 의원이 필요한 것이 아니라 병든 사람에게 의원이 필요하다면 누구보다 나 자신에게 의원이 필요하다. 주님이 필요하다. 나는 매일 제대로 보지 못하는 자로 주님 앞에 나아가야 한다. "오늘도 내 눈을 씻어 주시고 나와 동행해 주세요"라고 구하면서 말이다.

"하나님 아버지, 감사합니다. 오늘도 즐거운 하루 보내게 해주셔서 감사합니다. 내일도 좋은 하루 보내게 해주세요. 하나님만 믿고 잘 섬기고, 안 믿는 사람 모두 하나님 믿게 해주세요. 나쁜 마귀 혼내 주세요. 사랑을 받은 사람들만 예수님을 믿고 교회 가는 게 아니라 나쁜 사람 다 예수님을 믿어서 교회 가는 겁니다. 공평하게 돈을 갖고 친구 노는 것을 빼앗지 않고 조르지 않고 싸우지도 않게 해주세요. 예수님의 이름으로 기도합니다. 아멘."

부모도 함께 자라난다

엄마 아빠께.

엄마 아빠 많이 힘드시죠?

우리가 거의 편지가 없었죠?

그래서 쓴 거예요.

사랑하고 축복하고 감사드려요.

우리가 많이 컸어요.

그런 게 엄마 아빠 덕분이에요.

우리가 이제 엄마 아빠 말씀 잘 듣고

행복하고 복된 가족이 되었어요.

엄마 아빠 최고!

우리 사랑해 주셔서 감사합니다.

엄마 아빠 늙지 마세요.
우리가 처음으로 엄마 아빠께
이렇게 긴 편지를 썼네요.
우리를 낳아 주셔서 감사하고 행복해요.
우리 함께 살아요.
- 온유 소명 올림

아이들이 방에서 자기들끼리 웃으며 쓴 편지를 내밀었다. 우리가 분명 좋아할 것이라는 확신을 가지고 말이다. 아이들이 또 이만큼 자랐다.

어제는 희철이 엄마에게서 언제 또 놀러 올 거냐고 전화가 왔다. 며칠 전 아이들을 데리고 희철이네 지하방에 놀러 갔다. 방안 가득한 아이들의 웃음에 희철이와 어머니가 좋으셨던 모양이다. 나중에 집으로 돌아오는 길에 온유가 이것저것 물었다.

"희철이 오빠는 우리를 보고 부끄럼을 타나 봐. 계속 몸을 비틀어."

"온유야, 희철이 오빠는 파킨슨병 때문에 몸이 많이 아파서 그런 거야."

"그런데 몸이 아픈 사람들은 모두 집이 작아. 지난번에 찬영이네도 그랬잖아."

"온유는 그렇게 몸이 불편한 사람을 보면 어떤 생각이 들어? 불쌍해?"

"응, 그런 생각이 들어."

"온유야, 엄마는 불쌍하다는 생각이 들지 않고 멋지다는 생각이 들더라? 아프거나 불편한 데가 하나도 없어도 마음이 병든 사람이 많거든. 자신은 부끄럽거나 불쌍하다고 생각하지 않는데 다른 사람이 불쌍하다고 생각하면 어떤 마음이 들까? 몸은 불편하지만 장애에도 불구하고 멋지게 살아가는 사람을 엄마는 멋있다고 생각해. 엄마의 아빠, 그러니까 온유의 외할아버지도 앞을 보지 못하는 분이셨거든. 그런데 얼마나 멋진 분이셨는지 몰라."

나는 아내가 아이들에게 들려준 이야기가 좋았다. 아이들도 자라고 나도 자라간다.

아이의 말을 주의 깊게 들어보면

"잠들기 전에 화장실도 다녀오고 양치도 해야지"라고 말하며 꾸벅꾸벅 곧 잠이 들려는 소명이를 흔들어 깨우면 요즘 버릇처럼 하는 말이 있다.

"나는 지금 자고 있는 게 아냐. 그냥 눈만 감고 있는 거야."

소명이의 말에 아내와 한참을 웃었다. 아내가 자주 하는 말이기 때문이다. 아내가 청소며 빨래를 다 마치고 지쳐 잠시 누워 있으려 하면 아이들은 아내의 빈틈을 비집고 득달같이 달려온다.

"엄마 자지 마, 책 읽어 주세요."

"엄마, 엄마 배고파요."

그럴 때면 아내는 지친 목소리로 이렇게 말하곤 한다.

"나는 지금 자고 있는 게 아냐. 그냥 눈만 감고 있는 거야. 조금만 쉬고 놀아 줄게."

아이들이 하는 말을 주의 깊게 들어보면 아빠와 엄마의 단어나 문장이 가득하다. 어른의 문장을 아이들이 말할 때면 얼마나 재미나고 신기한지 모른다. 그냥 눈만 감고 있는 것이라던 소명이는 우리가 웃는 사이에 깊이 잠들어 버렸다. 온유는 초등학교에 들어가서 친구들의 말을 배워왔다. 그런데 전에 듣지 못한 말들이라 당황할 때가 많다. 아이는 자라면서 또래의 말을 닮아가기 시작한다. 나는 그 영역이 더 이상 부모의 손이 닿지 않는 공간 같아 두려운 마음이 생긴다.

얼마 전, 소명이가 종일 놀아서 피곤했던지 집회 도중에 졸려 해서 재우려고 교회의 빈 공간을 찾아갔다. 그곳에서는 예배드리는 부모님을 기다리는 초등학생 아이들이 모여 게임을 하거나 대화를 하고 있었다. 그런데 그 대화 내용이 내 마음을 힘들게 했다. 단어와 단어 사이마다 심한 비속어와 욕설이 가득했다. 마음에 안 드는 친구에게 린치를 가해서 왕따시키자는 내용, 문장을 옮겨 적기에도 부끄러운 단어들과 게임의 파열음마다 뱉어지는 욕설들…. 아직 너무 어린아이들인데….

좋은 습관은 익히는 데 오래 걸리지만 나쁜 습관은 금방이다. 말의 습관도 마찬가지다. 고등학교 때 말끝마다 '지랄'이라는 말을 붙이는 게 유행이었다. 나도 몇 번을 따라 하다가 입에 붙어 버렸다. 그러다가 "너도 이런 말을 하냐"는 친구의 말에 아차 싶었다. 요셉이라는 이름 때문에라도 조심해야겠다는 생각이 들어 짝꿍에게 이 말을 쓸 때마다 때려 달라고 부탁했다. 이후 거의 몇 주간 짝꿍에게 맞았던 것 같다. 의도치 않았지만 나도 알지 못하는 사이에 튀어나왔던 것이다.

이 아이들을 보면서 그때 생각이 났다. 예배가 끝나고 개인 기도를 시작하는 찬양 반주가 흘러나오자 아이들은 반사적으로 음악을 허밍으로 따라 불렀다. 익숙한 음정을 따라 노래하지만 누군가는 구석에서 야동을 보다가 친구에게 걸려 자기들끼리 떠들썩했으며 입에는 여전히 욕설이 가득했다.

"너희들 교회에서는 이러면 안 돼!"라는 말이 해결책이 될 수 있을까? 그러면 교회 밖에서는 이래도 되는 걸까? 예수님을 믿지 않는 아이들이 교회 나와서 예수님을 알게 되면 알지 못했던 사랑을 만나게 되어 감격할 테지만, 이미 예수님을 알고 있다고 생각하는 이 아이들은 어떻게 해야 하는 걸까? 교회 문화와 전통에 익숙할 대로 익숙해져 버린 아이들. 물론 한편으로는 이들이 교회에 머물러 있어 주는 게 고맙기도 하다. 왜냐하면 정답은 여전히 예수님이 가지고 계시기 때문이다. 이 아이들도 언젠가 예수님을 인격적으로 만나면 하나둘 바뀔 것이라 믿는다.

   나는 기도하는 자리에서 엎드려 "주님, 어떻게 하면 좋을까요? 무엇을 어떻게 고쳐야 할까요?"라고 주님께 물었다. 아이들과 함께 있었던 짧은 시간이 내 마음을 힘들게 한 이유는, 이것이 아이들 몇 명의 문제가 아니라 악한 시대의 문제와도 닿아 있다고 생각하기 때문이다. 이 아이들은 우리가 살며 경험한 것과는 전혀 다른 세계를 경험한, 어쩌면 다른 유전자를 가진 세대라고도 할 수 있다. 손바닥 안에서 모든 세계를 연결하고 온갖 악한 것을 마주 대하고 배울 수 있는 시대가 이전에는 없었다. 나는 이 아이들에게 고전적인 방법이 통하지 않을 것 같아 두려웠다.

   그렇게 주님을 애타게 부를 때, 부어 주신 마음은 그분이 일하시는 방식을 생각하고 그분이 내게 이르신 말씀을 기억하라는 것이었다. 하나님은 이스라엘 백성들이 고통 받을 때 구원을 위한 시작점으로 아기 모세를 강물에 띄우신 그분을, 사사기의 어둡고 암울한 시기를 깨뜨리기 위해 한나의 아들 사무엘을 준비시키신 그분을, 말라기 이후 새로운 시대를 여는 세례 요한을 준비시키신 그분만을 바라

보라고 말씀하셨다. 하나님은 사울 왕을 버리신 후, 대체할 만한 유능한 인재를 찾지 않으셨다. 이새의 막내아들에게 기름을 부으시고 그를 훈련시키셨다. 하나님은 항상 문제 자체가 아닌 문제의 근원을 바라보신다.

아이들이 아직 어릴 때, 하나님은 몇 가지를 내게 말씀하셨다. 생각해 보면 대단한 것들이 아니었다. 하나님은 아이들을 많이 안아 주고, 만날 때마다 손을 얹어 기도해 주고, 사랑한다는 말을 아끼지 말고, 살아갈 수 있는 아이로 기르라고 말씀하셨다. 뛰어나고 똑똑한 아이로 기르라고 말씀하신 게 아니라 살아갈 수 있는 아이로 기르라고 말씀하셨다. 대단한 것이 아니라 당연한 것을 말씀하셨다.

하나님은 이 아이들의 말이 아닌 마음을 주목하게 하셨다. 마음을 바꾸려면 결국 답은 사랑이다. 문제를 막으려고 들면 어디서부터 시작해야 할지 당황하게 되지만 하나님은 작고 당연한 것부터 순종할 것을 말씀하신다.

"주님, 다음 세대 아이들이 예수님을 알지 못한 채 교회 문화에만 익숙해지지 않도록 도와주세요. 돌아보면 저도 그랬습니다. 그래서 이들에게도 시간이 필요하다는 것을 인정합니다. 하지만 이 시대가 악한 것도 인정하지 않을 수 없습니다. 주님의 백성을 구원할 다음 세대를 당신의 방식으로 기름 부으시고 일으켜 세워 주세요. 우리에게 말씀하신 물맷돌이 작다고, 부족하다고 여기지 않겠습니다. 사랑하며 기다리겠습니다. 이 시대의 골리앗과 같은 어둠을 깨뜨릴 수 있는 주님의 사람들을, 다윗과 같은 주님의 용사들을 세워 주세요."

동굴이 기도실로 변하다

온유가 소중하게 여기는 컬러링북에 소명이가 사인펜으로 색칠을 했다. 별일 아닌 일이지만 온유에게는 큰일이었다. 색연필로만 아껴 가며 색칠한 보물이었기에 마음이 많이 상해 보였다. 온유는 눈물을 줄줄 흘리며 방에 들어가 한참을 울었다.

"내가 얼마나 아끼던 건데… 그동안 내가 정말 많이 참아 주었는데…."

방안에서 울먹이는 소리가 새어 나왔다. 꽤 억울하고 속상한 모양이었다. 나중에 방안에서 나온 온유에게 아내가 칭찬하며 이렇게 말해 주었다.

"온유가 참 기특하네. 많이 속상했을 텐데 방에 들어가서 하나님께 기도했구나?"

엄마의 말 한마디에 속상해서 들어간 동굴이 기도실로 변해 버렸다. 금세 아이들은 킬킬거리며 신이 나서 그곳을 기도실이라 이름 붙이고는 자기들끼리 종이에 선을 그어서 기도할 제목을 적고 기도하는 놀이를 시작했다.

"하나님, 오늘 제가 화내고 짜증내서 소명이가 많이 놀랐을 겁니다. 다음부터…."

앞으로도 아이들은 이런 별일 아닌 듯 큰일들을 겪어 나갈 것이다. 돌아갈 곳이 없어 허전한 마음으로 돌 하나 주워 베개 삼은 곳이 하나님의 집이요 하늘의 문이 되었던 것처럼 아이들이 울며 엎드린 그곳에서 주님을 만나기를 소원한다.

"여호와는 마음이 상한 자를 가까이 하시고 충심으로 통회하는 자를 구원하시는도다" 시 34:18

기도카드

아양

이소영
감사해요.
맘 쫓자 중
가 ㄷ대없이 해
게 해주시고 너무
감사하고 해
기재 쭈중
많으게요

이은재
하나님 오늘
제가 화내고
짜증 내서 신명
이가 많이 울라
요즘 너무 다툼
올겨 주심 하게

개굴개굴하는 사랑스러운 기도 소리

소명이가 유치원에서 돌아오면 아내는 옷을 받아 호주머니를 살핀다. 그러면 작은 도토리가 우두두 쏟아진다. 매일매일 종이로 만든 도토리가 얼마나 귀여운지 아내는 사진을 찍어 밖에 있는 내게 보내 준다. 그것을 보고 있노라면 환하게 웃게 된다.

아침저녁으로 9시 알람이 울리면 기도하려고 엎드리는데 그 도토리들이 생각났다. 서로 얼굴도 알지 못하는 사람들이 마음을 합하여 9시면 엎드려 나라를 위해 기도하고 있다. 주님 보시기에 이 작은 도토리들이 얼마나 사랑스러우실까?

9시가 되면 아이들이 아빠 엄마의 기도 소리를 장난하듯 따라 하며 개굴개굴한다. 나는 이 소리가 좋다. 얼마나 멋진 기도를 늘어놓느냐가 중요한 것이 아니라 장난하듯 아버지께 기대는 것이 좋다.

소명이가 이가 없는 사람도 이가 생겨서 양치할 수 있게 해달라고 기도했다. 손 씻을 수 없는 사람은 손 씻을 수 있게 해달라고 기도했다. 나는 한 번도 이렇게 기도해 본 적이 없다. 양치가 없는 사람, 손 씻을 수 없는 사람이 누구일까 곰곰이 생각하며 아이의 기도에 아멘으로 화답했다.

"우리 대한민국에서 하나님이 첫 번째 왕이 되어 주세요.
다른 나라에 있는 먹지 못하는 사람들도 잘 도와주세요.
또 이가 없는 사람도 이가 생겨서 양치할 수 있고
손 씻을 수 없는 사람도 손 씻게 해주시고
쉬할 수 없는 사람도 쉬할 수 있게 해주세요."
- 소명이의 기도

"밥 못 먹는 친구들 밥 먹고 건강하게 해주시고
말라붙은 아이들이 밥을 잘 먹어서 죽지 않게 해주시고
아프리카에 있는 사람들을 도와주시고
다른 나라에도, 우리나라에도 마찬가지로
아프고 힘든 사람이 많습니다. 그 사람을 도와주세요."
- 온유의 기도

아이야, 끊임없이 상상하고 질문하렴

밤에 온유와 누워서 이런저런 이야기를 나누었다.

"온유야, 아빠는 네가 100점 맞는 것보다 더 원하는 게 있어. 하나는 질문하기야. '왜?'라고 궁금해하면서 좋은 질문을 하는 것, 그리고 또 하나는 뭘까?"

밑도 끝도 없는 아빠의 질문에 온유가 답을 말했는데 내가 원하는 답을 정확하게 말했다.

"상상하는 거?"

나는 보이지 않는 것이 보이는 것을 바꾼다고 믿는다. 보이는 세상이 전부라고 믿는다면 끊임없이 세상의 틀 속에 우리의 믿음을 집어넣어야 할 것이다. 하지만 실상은 보이지 않는 것이 눈에 보이는 것들을 바꾸어 간다.

지금 나는 의지나 감정으로 삶을 살아가고 있지는 않은가? 보이지 않는 세상이지만 주님의 통치를 믿는다면 눈에 보이지 않는 믿음으로 눈에 보이는 세상을 살아가게 된다. 하나님의 일하심을 믿는다면, 그분의 뜻과 계획을 믿는다면 두려운 세상 속에서 두려움보다 크신 주님을 의지해서 살아갈 수 있다.

나는 주님께 끊임없이 질문했다. 내 기도는 늘 끊임없는 질문과 같다.

"주님, 왜 이럴까요?"

"주님, 제 마음은 왜 이런가요?"

"주님, 이 아픈 현실 속에서 제가 어떻게 하기를 원하시나요?"

"주님, 제가 잘할 수 있는 게 무엇이죠?"

주님은 이 질문들에 대한 답을 인생 속에서 신실하게 답해 주셨다. 이 질문들은 눈에 보이는 것에 기반할 뿐 아니라 눈에 보이지 않는 영역까지 넘나들어야만 한다. 하나님이 어떻게 일하시는가? 하나님은 그분의 언약을 신실하게 이루신다. 눈에 보이는 것으로 판단하게 되면 무신론자나 이신론자가 되어 버린다.

앞으로 우리 자녀들이 살아갈 시간은 만만치 않을 것이다. 그래서 나는 자녀들이 끊임없이 질문하고 상상해야 한다고 믿는다. 가나안을 정탐한 열 명은 눈에 보이는 것만을 토대로 보고했다. 세상은 그렇게 만만한 곳이 아니라고 단정 지었다. 신앙과 세상은 다른 것이라고, 주님이 주신 마음과 감동에 순종하기에는 세상이라는 벽이 너무 높다고 판단했다.

하지만 하나님이 어떤 분이신지, 그리고 그분의 약속이 무엇인지 알게 될 때, 아이들은 눈에 보이는 세상을 눈에 보이지 않는 믿음으로 살아갈 수 있을 것이다.

아이의 마음에 들어가면
예수님을 만날 수 있을까

"소명아, 하나님이 만드신 것 중에 가장 좋아하는 걸 그려 볼래?"

엄마의 말을 듣고 소명이가 그림을 그렸다.

"그런데 소명아, 이건 집이잖아. 이건 하나님이 아니라 사람이 만든 거잖아."

"엄마, 하나님이 능력을 주셔서 사람이 집을 지은 거잖아요. 저는 하나님의 능력을 그리고 있어요."

"아… 그렇구나."

나도 눈에 보이지 않는 하나님의 능력을 아이의 마음으로 상상해 본다.

오늘 밤은 온유가 친구 집에서 자고 온다. 책상을 정리하다가 온유가 그려 놓은 그림과 그림에 적어 놓은 제목을 보았다.

눈물 흘리며 기도하는 소녀

아이들은 도대체 무엇을 보고 어떤 마음으로 그림을 그리는 걸까? 아이들의 마음속에 들어가면 그리운 주님을 만날 수 있을까?

눈물을 뚝뚝 흘리며

소명이가 잠자기 전에 회개기도를 했다. 작은 손을 꼭 쥔 채 꺽꺽거리며 울기 시작했다.

"예수님, 하나님, 성령님,
제가 나쁜 짓 했습니다. 용서해 주세요.
제가 이제부터는 나쁜 말도 하지 않고
잘못하지도 않고 누나와도 사이좋게 지내고
엄마 말씀이랑 아빠 말씀도 잘 듣고
무서운 꿈 꾸지도 않고 또 떼쓰지도 않고
하나님 생각만 할게요. 용서해 주세요."

예수님은 "내가 내 친구 너희에게 말하노니 몸을 죽이고 그 후에는 능히 더 못하는 자들을 두려워하지 말라 마땅히 두려워할 자를 내가 너희에게 보이리니 곧 죽인 후에 또한 지옥에 던져 넣는 권세 있는 그를 두려워하라 내가 참으로 너희에게 이르노니 그를 두려워하라"고 말씀하셨다(눅 12:4-5). 예수님이 제자들에게 "내 친구"라고 말씀하신 경우는 요한복음(15절)과 이곳뿐이다. 예수님이 이렇게 친근한 표현을 사용하면서까지 우리에게 전하시려는 뜻은 무엇일까?

사람은 자신에게 위협을 가하는 대상을 두려워한다. 하나님은 우리를 지옥에 던지실 수 있는 권세 있는 분이다. 그렇다면 그 이유만으로 두려워해야 하는 대상일까? 사탄은 내게 강력한 위협을 가하지만 두려워해야 할 대상이 아니라 대적해야 할 대상이다.

다음 맥락에서 주님은 적은 돈에 팔리는 참새마저도 돌본다고 말씀하신다. 하물며 우리는 어떤 존재인가?

"두려워하지 말라 너희는 많은 참새보다 더 귀하니라" 눅 12:7

하나님을 두려워하는 이유는 그분이 우리를 돌보시는 참 아버지이시기 때문이다. 우리는 하나님을 사랑하기에 예배드린다. 그런데 하나님을 사랑한다는 것은 그저 친근하고 다정한 느낌만을 말하는 것이 아니다.

'두려움'으로 번역된 원어는 동시에 '경외하다'라는 의미를 가지고 있다. 같은 단어를 사용하여 백부장 고넬료는 하나님을 경외하였기에 백성을 많이 구제하고 하나님께 항상 기도했다(행 10:2). 두려워했기에 하나님께 더욱 향했다. 두려워한다는 말, 경외한다는 말은 사랑 안에 속하는 말이다.

나는 소명이가 죄에 대하여 하나님을 두려워하기를 기도했다. 하나님을 경외함으로써 그분께 더욱 향하기를, 하나님을 사랑하는 아이로 자라나기를 기도했다.

그냥 죽었구나 생각하면 된다

"각 방에 두 명씩 묵어야 하는데 까다롭고 힘든 분이 계셔서 누구와 한 방을 드려야 할지 모르겠어요."

얼마 전, 외국에 촬영을 갈 일이 있었는데 행정 간사가 고민하며 이야기했다.

"그런 걸로 고민하지 마세요. 제가 그분과 같은 방을 사용할게요."

이렇게 말한 것은 내게 천사 같은 마음이 있어서도 아니고 까다롭고 힘든 사람에 대한 책임감이 있어서도 아니다. 촬영을 나가게 되면 그저 '나는 죽었구나'라고 생각하는 편이다. 기대를 줄이면 실망이 적어진다. 먹거리와 잠자리의 여러 불편한 요소들에 신경 쓰기보다는 보다 본질적인 것에 힘을 쏟게 된다. 죽은 사람에게는 까다롭고 힘든 사람도 별문제가 없을 것이라 생각하기 때문이다.

"나는 죽었구나."

이 말은 신혼 초에 아내에게 처음 들은 말이다. 온유를 출산하러 병원으로 가는 길에 도리어 아내가 나를 위로하며 말했다.

"괜찮아, 오빠. 그냥 오늘은 죽었구나 생각하면 되는 거야."

나는 강진으로 지축이 흔들리는 네팔에서도 두렵지 않았다. 흙먼지 날리는 더위가 힘들고 체력이 떨어져서 힘들었지 두렵진 않았다. 고통받다가 어느 순간 아이를 낳고 행복해하는 것처럼 아무리 까다로운 사람이라도 그와 함께하는 시간은 며칠이면 끝난다. 네팔에서의 위험도 한국으로 돌아오면 부담을 덜 수 있는 문제였다.

며칠 동안 까다롭고 힘든 사람을 대하는 것은 그 기간에 나는 죽었다고 생각하면 큰 문제될 것이 없다. 하지만 호흡을 길게 가져가면 문제는 달라진다. 자녀 양육도 마찬가지다. 자녀들을 대할 때는 매일의 반복되는 일상이 일 년, 이 년의 단위를 넘어서기 때문이다. 스무 살은 되어야 성인이 되었다고 말하는데 이렇듯 하루 이틀이 아닌 일상이 되면 죽는 것은 결코 쉬운 일이 아니다. 내가 그리스도 안에 죽었고 그리스도와 함께 살아간다고 믿지만 이 땅에서의 삶은 그리 쉽지 않다.

온유가 며칠간 아파서 누워 있었다. 차가운 손을 급히 녹인 후, 손을 대고 기도했다. 자녀들이 아프면 부모는 자신을 살피게 된다. 아픈 것이 모두 죄와 연관된 것은 아니지만 부모이기에 자책하는 마음은 어쩔 수 없나 보다. 내가 아플 때는 기도하지 않아도 아이가 아프면 기도하게 된다. 아이가 아프기 전까지, 보다 절박해지기 전까지 기도하지 않는 완악하고 게으르고 교만한 나 자신을 본다. 마음이 궁지에 몰리면 더욱 기도하게 된다. 그래서 나는 이 시간마저 감사하다.

하나님은 우리와 함께하신다. 항상 우리와 함께하신다. 하지만 우리가 특별히 주님의 이름을 부를 때 그 공간에 우리와 함께하겠다고 말씀하셨다. 평범해 보이는 공간에서 주님의 이름을 부르는 것과 그렇지 않은 것은 너무나 다르다. 여전히 온유가 배가 아프다며 누워 있다. 그러나 아무것도 바뀌지 않는 상황에도 불구하고 눈에 보이지 않는 영역에 주님의 통치를 구하는 것, 그것은 내 평생 잊지 말아야 할 거룩한 습관이다.

"나는 오늘도 주님 안에 죽었습니다."

그렇게 하지 못해 가난한 마음을 주님께 드리고, 그렇게 하지 못해 애통해하는 마음을 주님께 드린다. 오늘 주님을 다시 바라본다.

아빠는 항상 그랬으니까

늦은 밤에 귀가했다. 아이들이 자고 있을까 봐 조심스레 들어서는데 아내가 손짓 눈짓으로 나를 부르더니 온유를 위해 기도해 주라고 했다. 이유가 궁금했지만 먼저 온유의 머리에 손을 얹고 조용히 기도했다. 그런데 기도를 시작하자마자 온유가 박장대소하기 시작했다.

"으하하하! 엄마, 내 말이 맞았지? 아빠는 집에 들어오면 내 머리에 손을 얹고 기도하든지 나를 끌어안든지 뽀뽀하든지 한다고 했잖아. 봐, 내 말이 맞지?"

온유는 신이 나서 춤을 추기 시작했다.

"그런데 온유야, 아빠가 그렇게 할 줄 어떻게 알았어?"

"응? 아빠는 나를 보면 항상 그랬으니까!"

나는 그 말에 놀랐다. 사실 온유의 말처럼 항상 그렇게 하지 못했기 때문이다. 바쁜 아침이면 신발장 앞에서 손을 얹고 속사포로 기도할 때도 많았고, 그마저도 시간이 없으면 잠시 안아 주거나 손을 흔들며 인사할 때도 많았다.

사람은 실제로 있었던 일을 기억하는 것이 아니라 믿고 싶은 것을 기억한다. 마음에 느껴지는 감정의 색깔과 온도를 기억하고 믿게 된다. 사진처럼 기억하는 것이 아니라 그림처럼 기억한다. 나는 온유가 확신할 만큼 그렇게 나를 기억하고 믿어 주어서 참 고마웠다.

"우리 아빠는 항상 그랬으니까!"

하나님은 내게 아이들을 안아 주고 기도해 주며 사랑하고 살아갈 수 있는 아이로 양육하라고 말씀하셨다. 그래서 온유의 이 말이 내게는 주님의 응원처럼 들렸다.

대단히 어려운 것이 아닌 그저 기도해 주고 안아 주고 사랑한다 말해 주는 이 시간들을 통해, 신앙을 지키기 힘든 이 세상에서 믿음으로 살아가는 다음 세대가 일어나게 되리라 기대해 본다.

나는 사랑에 빠졌어요

소명이는 막내답게 달달한 표현을 자주 쓰는 편이다. 아침에 일어나면 엄마의 머릿결을 만지며 "엄마는 참 예쁘다. 우리 엄마 참 예쁘다"라고 속삭이곤 한다. 누나가 용기 있게 행동했던 모습을 기억했다가 가족에게 자신의 일처럼 말해 준다. 아빠가 몸이 안 좋을 때는 입안에 프로폴리스를 뿌려 주고 어깨를 안마해 주면서 앞으로는 박수를 많이 치라고 속삭인다. 박수를 많이 쳐야 오래 살 수 있다고.

언젠가부터 소명이는 누가 시키지 않았도 잠들기 전에 혼자서 무릎을 꿇고 기도하는데 요즘 소명이의 기도 내용은 이렇다.

"하나님, 예수님, 성령님,
나는 사랑에 빠졌어요.
하나님께 사랑에 빠졌어요."

　소명이의 기도를 듣다 보면 나도 주님의 심장소리를 들으며 그분의 날개 아래 안겨서 사랑에 잠기고 싶어진다.

예수님이 마음에 노크하실 때

며칠 전, 온유 반에 친구 한 명이 전학을 왔다.

"그 친구를 보는데 하나님이 그 애한테 예수님을 전하라고 하시는 거야."

온유는 친구에게 예수님을 전하라는 마음을 주셨으니 그 친구가 예수님을 믿지 않는 게 분명하다고 생각했다. 그래서 주신 마음에 순종하기 위해 그 친구에게 다가갔다.

"무슨 말을 해야 하나 너무 부담스러운 거야. 두근두근 떨리기도 하고 조마조마하기도 하고…"

그런데 말을 꺼내려는 순간, 갑자기 친구들이 우르르 몰려와 보드게임을 펼쳐 놓는 바람에 아무 말도 하지 못했다고 한다. 그래도 이런 남다른 에피소드 때문인지 온유는 전학 온 아이와 하루 만에 다정한 친구가 되었다.

'어떻게 예수님은 아이의 마음에 노크하셨을까?'

'전학 온 친구는 정말 예수님을 믿지 않는 아이였을까?'

수많은 질문들이 머릿속에 가득 떠올랐다. 이렇게 놀라운 이야기를 대수롭지 않게 들려준 아이 때문에 놀랍기도, 감사하기도, 부럽기도 했다. 그러나 나는 며칠간 온유에게 묻고 싶은 질문들을 미루었다. 그 이유는 아이가 가진 순수한 마음을 망가뜨리고 싶지 않았기 때문이다.

얼마 전 공원에 촬영을 갔을 때의 일이다. 그곳에서 조금 친해진 아이가 자연스레 내 손을 잡고 걸었다. 한참 후에 선생님이 웃으며 그 아이에게 물었다.

"이 아저씨 아는 분이야?"

아이는 이 말을 듣자마자 황급히 내 손을 놓았다. 만약 이처럼 온유가 하나님의 손을 잡고 있다면, 혹 내 질문으로 인해 그 잡은 손을 의식하게 될까 봐 질문을 미룬 것이다. 분별하고 가르치는 일은 나중에라도 할 수 있는 것이다. 어린아이에게는 주님과 자연스레 잡은 손이면 충분하다고 믿는다.

며칠이 지나 결국 나는 너무 궁금해서 온유에게 물었다.

"온유야, 친구가 전학왔을 때 하나님이 온유에게 어떻게 말씀하셨어?"

"'온유야, ○○에게 예수님을 전해'라고 말씀하셨어. 그래서 나는 '오늘 전학 온 친구니까 나중에 친해지면 전할게요'라고 대답했어. 그러자 하나님은 '아니야. 온유야, 지금 전해'라고 하시며 전도사님이 들려주신 이야기를 생각나게 하셨어."

전도사님의 이야기는 바로 전도하지 않았다가 시간이 지난 후에 기회를 놓친 이야기였다. 전도사님의 이야기가 생각났다고 표현하지 않고 하나님이 전도사님의 이야기를 생각나게 하셨다는 아이의 표현에 놀랐다.

나는 다음 세대를 꿈꾼다. 하나님이 우리를 만나 주시고 들려주신 음성보다 더 또렷하고 친밀하게 아이들을 만나 주시길 기도한다.

나는 나보다 아빠가 더 좋아요

낯선 곳이라 소명이와 손을 잡고 몇 번이나 함께 화장실을 다녀왔다. 소명이는 쉬를 하고 나와서는 조금 있다가 응가를 하고 싶다고 했고, 응가를 하고 나와서는 다시 쉬를 하고 싶다고 했다.

화장실에서 손을 씻고 나오는데 소명이가 특유의 눈웃음을 지으며 말했다.

"아빠, 나는 나보다 아빠가 더 좋아요."

이 말이 며칠이 지나도 여전히 내 마음에 새겨져 있다.

아이들은 잠들 때가 되면 누가 엄마와 더 가까이서 잠을 잘지 차례를 정해 다투어 가며 엄마 품에 파고든다. 엄마보다 아빠를 더 사랑하게 만드는 일은 불가능한 일인 것 같다.

엄마의 몸 안에서 자라고 태어난 아이들이라 그런가 보다.

아빠는 아이들과 보내는 시간이 상대적으로 적다. 물리적으로 얼마나 많은 시간을 아빠와 함께 보내느냐를 따지는 것은 현실적으로 불가능하다. 그래서 아이들과 보내는 그 짧은 시간을 어떻게 보내느냐가 중요하다.

돌아가신 장인어른은 목사님이자 부흥사이셨다. 일주일에 거의 4일 이상을 집회 때문에 항상 집을 비우셨다. 그래서 자녀들과 보낼 수 있는 시간은 일주일에 고작 하루 내지 이틀밖에 되지 않았다. 하지만 아내는 아빠가 자신을 사랑하고 있다는 사실에 대해 의심하거나 아빠가 돌아가시고 난 뒤에도 그 사랑을 한 번도 잊어 본 적이 없다고 했다.

절대적으로 부족한 시간 속에서 '어떻게 자신의 사랑과 마음을 자녀들에게 전할 것인가'가 중요한 문제인 것 같다. 왜냐하면 많은 부모들이 자녀를 위해 목숨을 내놓을 수 있다고 말하지만 정작 자녀들은 그 사실을 잘 믿지 못하기 때문이다.

아빠의 사랑을 아이들에게 어떻게 전할 수 있을까? 아빠의 빈자리를 대단한 선물 보따리로 대신하기보다 만나면 반갑다고 뽀뽀해 주고 헤어질 때 아쉬워서 꼬옥 안아 주는 등의 일상의 시간에 진심을 담아낸다면 그 진심이 아이들 마음에 쌓이게 되지 않을까?

아이는 또 다른 우주이다

 아이가 자랄수록 육아가 힘든 이유는 아이 역시 사람이기 때문이다. 부모 마음대로 움직여 주면 좋겠지만 그렇지가 않다.

 가족이 다 함께 집을 나서야 하는 아침은 늘 정신이 없다. 시간은 정해져 있는데 아이들은 부모의 마음처럼 움직여 주질 않거나 사고를 쳐서 마음을 어지럽힌다. 그나마 어릴 적에는 야단을 치거나 질서와 규칙을 가르치며 부모가 원하는 시간과 방향으로 갈 수 있도록 조정할 수 있지만, 아이들이 자랄수록 그것은 쉽지 않을 것이다.

 아이는 부모의 인생에 부록으로 살아가는 존재이거나 종속된 위성이 아니라 별개의 또 다른 우주이다. 지금은 품

안에 있는 아주 작은 씨앗이지만 시간이 흐르면 공중의 새들이 날아와 가지에 쉬어갈 나무가 될 것이다. 보잘것없는 씨앗과 크고 풍성한 나무는 하나이다. 나무를 대하듯 씨앗을 품어야겠다. 이 씨앗은 자라 나무가 될 것이기 때문이다.

아이에게 줄 수 있는 최고의 선물

언젠가 온유에게 물었다.

"온유야, 아빠는 누구를 가장 사랑해?"

"엄마, 그다음은 온유, 소명이?"

나는 아이들에게 이렇게 자주 말한다.

"아빠는 엄마를 가장 사랑해. 그리고 그 사랑의 열매들이 너희들이란다."

아이를 사랑하는 것은 어쩔 수 없는 운명이라 생각한다. 성경에도 부모에게 효도하라는 맥락의 말씀은 많지만 자녀를 사랑하라는 말은 없다. 그런데 남편과 아내는 그렇지 않다. 끊임없이 용납하고 용서하고 기다려야 한다. 사랑하기를 애써야 하는 존재가 바로 부부이다. 자녀들은 그런 아빠 엄마의 모습을 통해 안정감을 느끼게 될 것이다.
 부모가 자녀에게 줄 수 있는 최고의 선물은 다름 아닌 부부의 사랑이다.

아이의 비밀수첩, 그리고 천국의 비밀

"나는 마음이 힘들 때마다 이 비밀수첩을 혼자서 펴 보고 다시 힘을 내곤 해."

언젠가 온유가 잠들기 전에 들려준 이야기이다. 온유의 마음이 언제 힘들까도 궁금했지만 비밀수첩에 무슨 내용이 적혀 있는지도 궁금했다.

그 후로 한 달쯤 지나서 온유가 수첩의 비밀을 열어 보여 주었다. 전혀 예상하지 못했는데 수첩에는 자기 자신에게 쓴 편지가 적혀 있었다. 온유의 마음, 그 속에 주님의 마음이 있어서 눈물이 왈칵 쏟아졌다.

온유야, 너는 아직 비록 어리지만 하나님께서는 지금도

너를 많이 사랑하시고 계셔. 선생님과 부모님이 너를 혼내신 것은 네가 옳은 길로 가도록 너를 위해서 혼을 내는 거야.

온유야, 천국으로 가는 길은 힘들고 지치지만 그래도 힘을 내. 예수님이 네 마음속에서 너를 항상 돌보아 주시고 있어.

너는 참 특별해. 난 내가 나인 게 참 좋아. 어렸을 땐 내 이름에 'ㅇ'이 세 개나 들어가서 부끄러워 내 이름을 작게 말했지만 지금은 내 이름이 성경에 나오는 걸 알고 내 이름이 더 이상 부끄럽지 않게 되었어.

하루하루 용기를 내서 천천히 걸어가.

나인 온유야. 사랑하고 축복해.

- 온유가 자신에게 쓴 편지

잠든 아이를 한참 토닥이며 기도했다. 비밀수첩 안에는 정말 천국의 비밀이 숨어 있었다.

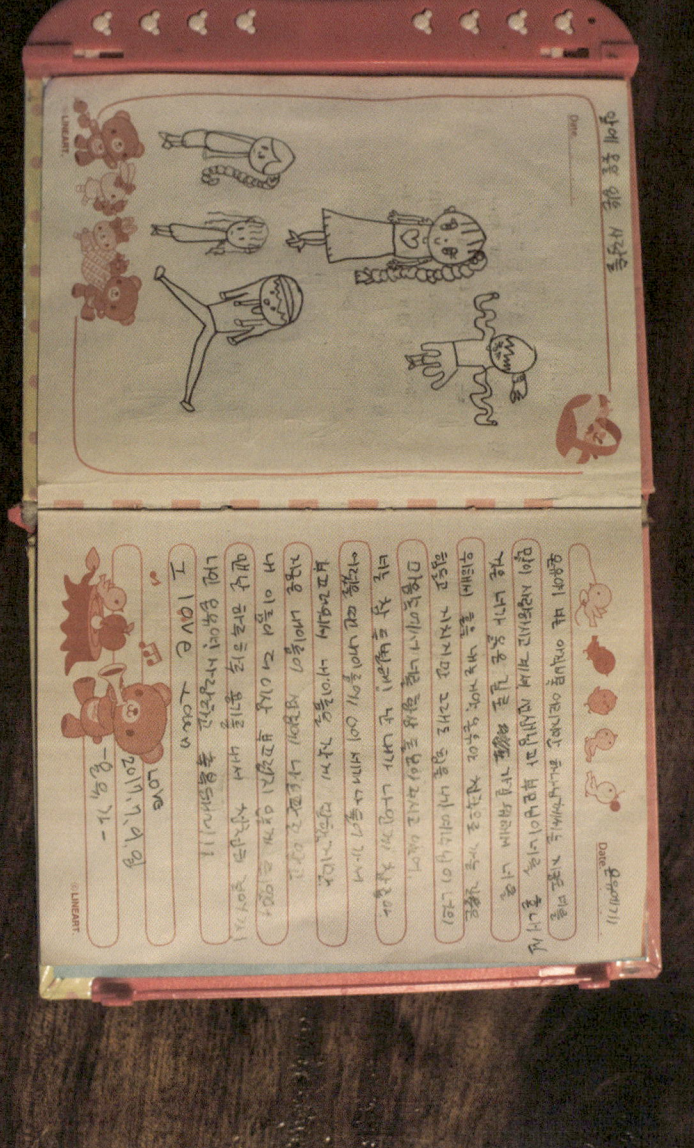

달에 좋은 만든 사람들

Date. 좋아하기

제가 좋아하는 사람은 140명정도
있어요. 친구들이랑 가족도 다
좋아요. 우리반 친구들도 좋아요. 그
중에서 담임 선생님도 좋아요.
그리고 저는 저를 사랑하는
이유는 내가 아빠랑 엄마를
만났기 때문에 좋아요. 그리고
마음에 드는 것이 내 얼굴을
그림 그리는 거예요. 10년후에 나는
해어스타일을 바꿀 수도 있어요.
10년후에는 내가 더 예쁠거야.
세모얼굴에 10센티 커져 있을거
같다. 내얼굴이 10년뒤에 완전
예뻐질 것 같다. 내가 너무
너무 예뻐질 것 같다.
나는 나를 너무너무 사랑해!!
내 얼굴이 마음에 들어요.

I love you♪
LOVE
2017. 7. 9 일
- 은아가 -

아이는 누구나 특별하다

아이들의 일상을 나누는 이유는 아이들의 마음에 피어나는 천국의 꽃을 함께 들여다보고 싶어서이다.

우리 아이들이 특별한 아이일까? 그렇다. 하지만 우리 아이뿐 아니라 아이들은 누구나 특별하다. 들여다보면 그 아이만이 피어낼 수 있는 꽃이 있다.

〈요셉 일기〉라는 제목으로 수년간 매일같이 사람들을 만나며 사진 찍고 이야기했다. 대단하거나 유명한 사람이 아니라서 들여다보지 않았을 뿐, 그들은 모두 그들만의 아름다운 꽃을 피우고 있었다. 누구에게나 하나님이 심으신 꽃들이 피어 있다.

아이들의 예쁘고 귀엽고 사랑스러운 이면에는 고집부

리거나 다투고 욕심부리는 면도 있다. 언젠가 참하다고 생각했던 선배의 자녀가 진상 부리는 모습을 보고 스스로 위로를 받았던 적이 있다.

"아이는 어느 집이나 똑같구나."

소명이는 워낙 장난꾸러기라서 마트에서 숨바꼭질을 하는 바람에 미아 찾기 방송을 몇 번이나 했다. 천사 같은 아이들이라고 하지만 항상 천사의 상태를 유지하지는 않는다. 물론 힘들거나 모난 면이 아이 인생의 전부도 아니다.

아내는 교회학교에서 아이들의 교사를 맡고 있다. 그곳에는 다양한 아이들이 있다. 말썽꾸러기들도 있고 늘 울기만 하는 아이들도 있다. 며칠 전 아내는 내게 이런 말을 했다.

"아이들을 보면 참 특별하다는 생각이 들어. 어쩌면 저렇게도 특별할까? 지금 내 눈에 보이는 이 아이들이 앞으로 20년 후에는 어떻게 자랄까? 난 지금 내 눈에 보이는 것이 전부가 아니라고 생각해. 20년 후를 생각하면 너무 기대가 되어서 아이들의 부모님께 가끔 이런 메시지를 보내. '정말 이 아이는 특별합니다.' 그게 내 진심이니까."

진심으로 특별하다고 말할 수 있는 이유는 지금 내 눈에 보이는 것을 전부로 여기지 않기 때문이다. 주님은 이 아이들을 어떻게 바라보실까?

엄마의
고백

아이들 자는 모습을 보고 있으니 마음 한 켠 아련해집니다.
늘 그랬던 것 같습니다.
어려서 아이가 무엇인가에 부딪히거나 다치면 그것을 탓하며
때리는 흉내까지 냈습니다. 돌에 부딪히면 돌을 탓하고 문에
다치면 문을 탓하고 의자면 의자, 모서리면 모서리… 때찌 때찌
해 가며 아이의 마음을 돌보기에만 급급했던 것 같습니다.
그런데 오늘 정작 중요한 것을 놓쳤다는 생각이 들었습니다.
이렇게 한 행동이 무조건 잘못이라는 것은 아니지만, 자라면서
습관적으로 누구의 탓으로 돌리며 짜증을 내는 아이의 모습을
보면서 '내가 무의식적으로 그것을 아이에게 가르친 것은
아니었을까' 하는 마음이 든 것입니다.
아, 주님….
기도하던 중에 주님이 가르쳐 주신 마음들이 하나둘 생각나서,
다 내 잘못인 것 같아서 회개하게 되었습니다.
어쩌면 더 감사한 날인지도 모르겠습니다.
평안한 밤, 회복을 주시니 감사합니다.

Chapter 4

그러나 부모라는 이름은 여전히 무겁다

우리는 종종 아이들과 함께하는 시간 속에서
도저히 납득하지 못할 시간을 만나게 된다
그러나 그때에도 동일하게 고백해야 한다
"이 시간조차 주님의 주권 가운데 있습니다"

엄마는 아름답다

나는 아이를 낳아 기르는 엄마들을 존경한다. 그들이 얼마나 귀한지 모른다. 왜냐하면 하나님께서 자녀들을 향해 이렇게 말씀하셨기 때문이다.

"보라 자식들은 여호와의 기업이요 태의 열매는 그의 상급이로다" 시 127:3

나는 앞에서 언급한 반 고흐의 "내 어떠한 작품도 요람 속에 잠든 한 아이의 가치보다는 못하다"라는 고백에 동의한다. 경제적인 가치를 최우선으로 생각하는 신자본주의 시대에서는 모든 가치가 돈으로 환원되어야 한다. 하지만 이런 세속적인 관점을 주님은 어떻게 바라보실까? 주님은 돈으로 환원되는 가치를 말씀하신 게 아니라 존재 그 자체를 말씀하셨다.

아내는 자녀들을 놓고 기도하다가 아이들이 여섯 살이 될 때까지 다른 교육기관에 보내지 않고 품에서 기를 것에 대한 마음을 받았다. 우리는 첫째가 다섯 살이 될 때까지 성남의 어느 13평 빌라에 살았다. 내가 방 하나를 작업실로 차지하고 있어서 아내는 넉넉하지 않은 공간에서 두 아이와 씨름해야 했다. 그리고 그 시간 동안 주변에서 여러 이야기를 들어야 했다. 대부분 어린이집 같은 전문기관에 아이를 맡기라는 충고였다. 그러나 아내는 어린이집에 아이를 맡기는 대신 아이의 손을 잡고 산책하거나 교회에서 열리는 아기학교에 참석했다. 아내가 순종한 그 시간을 통해 아이들과 부모의 관계는 탄탄하게 세워졌다.

온유가 네 살쯤 소명이에게 이렇게 말하는 것을 듣고 한참 웃은 적이 있다.

"소명아, 이제 우린 엄마 품을 떠날 때가 되었어."

온유의 농담에도 아랑곳하지 않고 아내는 아이들이 여섯 살이 될 때까지 집에서 길렀다. 아내는 아이들과 함께 있는 시간이 길어질수록 아이들 각각의 패턴과 성격을 이해하게 되었고, 아이들은 엄마의 언어와 사랑을 이해할 수 있게 되었다. 나는 그런 아내와 아이들의 모습을 지켜보며 자녀를 가장 잘 아는 전문가는 그들과 함께하는 시간과 경험으로 만들어진다는 것을 알게 되었다.

아이에게 가장 좋은 것은 무엇일까

아이를 육아시설에 보내지 않아서 무엇이 가장 좋았을까 생각해 보면 무엇보다 넉넉하게 재우고 넉넉하게 놀게 한 것이다. 아이에게 가장 필요한 것은 잘 먹고 잘 놀고 잘 자는 것 아니겠는가? 또한 우리는 함께 예배를 드렸고 놀이처럼 말씀을 암송했다. 그때 암송했던 말씀들이 5, 6년이 지난 지금도 아이들의 기억에 남아 있는 것이 신기하다.

아이들의 그 작은 머리 안에 무엇을 넣어 주면 좋을까? 모든 좋아 보이는 것을 다 집어넣어 주면 좋겠지만, 오히려 아이들의 빈 공간을 지켜 주면 더 좋겠다는 생각을 해 본다. 부모는 자녀의 빈 공간을 빈틈없이 좋은 것으로 집어넣기만 하는 것이 아니라 주님의 마음이 자리할 수 있도록 빈 공간을 확보해 주어야 한다.

온유가 여섯 살이 되었을 때, 우리는 경기도 광주의 보다 넓은 빌라로 이사를 했다. 이웃에 사는 집사님네와 아이들 나이대가 같아서 온유와 함께 유치원에 보냈는데, 신생 유치원이었지만 아이들을 잘 돌보고 인격적으로 대해 주어 금세 주변에 좋은 소문이 퍼졌다. 그래서 다음 해부터는 치열한 경쟁률을 뚫어야 들어갈 수 있는 곳이 되었다. 학기를 마칠 즈음 유치원에서 연락이 왔다. 기존 유치원생의 형제는 경쟁 없이 입학할 수 있으니 이번에 소명이도 등원하는 게 좋겠다는 내용이었다. 아내는 얼떨결에 그렇게 하겠노라 말했다가 일주일간 기도한 후 유치원에 전화해서 소명이의 등원을 취소했다.

"나중에 들어갈 자리가 없어도 괜찮아요. 소명이는 올해 유치원에 보내지 않으려고요."

자녀에게 가장 좋은 것을 해주고 싶은 것은 어느 엄마나 마찬가지겠지만 그것보다 우선은 주님께서 주신 마음에 순종하는 것이라 믿는다. 나는 아내의 행동을 보고 많은 생각을 하게 되었다.

세상은 우리에게 끊임없이 이야기한다. 지금이 가장 교육적으로 좋은 기회라고, 지금이 가장 적기라고 몰아붙인다. 그래서 이런저런 이유에 떠밀려 아이를 위한 여러 선택을 한다. 부모는 자녀에게 가장 좋은 것을 주고 싶은 존재이기에 기회를 놓치고 싶지 않아서이다. 그러나 과연 세상이 말하는 모든 기회를 잡는 것이 옳은 일일까?

성경에서 하나님의 사람들은 누구나 광야의 시간을 경험했다. 때로는 타의가 아니라 자의로 광야를 걷기도 했다.

"심한 고문을 받되 구차히 풀려나기를 원하지 아니하였으며" 히 11:35

광야는 인생이 허비되는 시간이 아니라 주님의 호흡을 경험하는 시간이라고 믿는다. 자녀에게 줄 수 있는 가장 좋은 시간은 세상이 말하는 모든 기회를 잡는 것으로 만들어지는 것이 아니라 주님이 허락하시는 시간에 순종하는 것으로 만들어진다고 믿는다.

다 너를 위한 일이야

부모는 자녀들이 잘되기를 바란다. 다른 아이들보다 우위를 선점해야 내 아이에게 더 좋은 기회가 보장된다고 믿는다. 부모는 자신의 경험을 잣대로 아이들을 양육해 나가지만 그 기준이라고 하는 것이 이미 20년 전의 경험이다. 그러나 우리 아이들이 성장해서 살아가야 할 시간은 앞으로 20년 후이다.

변화의 시기를 가르는 기준을 속도라고 가정한다면 전화기가 미국 가정의 50퍼센트를 점유하기까지는 71년이 걸렸고, 텔레비전은 30년, 인터넷은 고작 10년밖에 걸리지 않았다. 이스라엘 기업가 요시 바르디는 1980년대에 성장주 순위에 오른 기업 34개의 차트를 만든 후 1999년에 확인하였는데 그중 오직 인텔만 살아남아 있음을 확인했다. 이처럼 우리는 전문가들조차도 몇 년 후를 예측하지 못하는 시대를 살아가고 있다(켄 올레타, 「구글드」, 타임비즈, 저자 재인용).

그런데 우리가 어떻게 20년 전의 경험과 20년 후의 삶 앞뒤로 40년 이상의 간극을 메울 수 있을까? 살아 보지도 못한 미래 사회를 향해 무슨 근거를 가지고 아이들을 양육해야 할까? 과연 나는 답을 가지고 있을까?

답을 알지 못하는 불안함과 앞서 달려가는 비교 대상들, 그리고 교육산업과 미디어의 정보들 앞에 부모는 조급함을 느끼게 된다. 아이를 목숨만큼 사랑하기에 무엇인가를 해야 하기 때문이다. 그래서 결과를 빨리 도출해 낼 수 있는 방식으로 양육하고 싶은 유혹을 느낀다. 빨리 열매를 따 먹고 싶은 유혹을 느끼게 되는 것이다.

언제부턴가 인지학습을 집중적으로 가르치는 일이 유행하기 시작했다. "3세 무렵에 인간의 뇌가 거의 완성된다"는 속설 때문에 서너 살, 아직 웃고 뛰어놀아야 할 아이들이 정작 누려야 할 아이만의 시간을 건너뛰고 있는 모습까지 접하게 된다. 교육산업과 미디어와 부모의 욕심 때문에 생긴 이런 가혹한 현실은 전에 없던 후천성 자폐아들을 만들어 내고 있다.

"이것은 다 너를 위해서 하는 말이야. 다 너 잘되라고 하는 일이야."

이렇게 자주 말하지만 정작 아이들이 나중에 행복을 누리지 못한다면 이것이 진정 아이를 위한 것일까 의문이 든다.

나는 어느 대표적인 대안학교의 내부 사정을 알고 있다. 그곳은 좋은 신앙훈련으로 명문대를 보내 준다고 광고하면서 매년 많은 학생들을 모집하고 있다. 실제로 명문대를 보낸 실적은 가지고 있지만 교내에서 인격 모독과 폭언이 비일비재하다. 이런 분위기 속에서 학교를 다닌 많은 아이들이 정신과 치료를 받고 있다. 좋은 대학은 중요한 가치이지만 최고의 가치는 아니다.

이 말은 아이를 교육기관이나 학원에 보내면 안 된다는 말이 결코 아니다. 아이들의 상태와 기질, 가정환경과 교육 조건이 모두 다른데 '가장 좋은 방법'이라는 말이 얼마나 상대적인 것인가? 우리 각자에게 하나님의 뜻과 계획이 있음을 믿는다면 우리 아이와 관련된 정답 역시 오직 그분께만 있을 것이다.

육아를 포함해서 우리 인생 전반에 가장 중요한 질문은 "과연 하나님께 묻고 있는가" 하는 것이다. 지금 하나님은 우리에게 무엇을 말씀하고 계시는가? 혹 좋은 기회가 하나님보다 우선시되고 있진 않는가?

아이들은 부모 신앙의 방해꾼이 아니다

아이들이 아직 어릴 때에 기도하는 것은 쉽지 않다. 정신없이 울어대는 아이와 잠시만 한눈팔면 사고치는 아이들 틈에서 기도하기 적당한 시간과 장소를 찾는 것은 거의 불가능하다. 그런데 기도하기에 앞서 기억해야 할 점이 있다. 내 기도가 성공적으로 마쳐졌느냐, 거룩한 분위기에서 집중력 있게 진행되었느냐, 또는 기도하는 도중에 방해를 받아서 포기했느냐 등의 기도의 유효성 여부는 중요한 것이 아니라는 점이다. 아이들 때문에 성공하거나 실패한 기도가 아니라 기도하기 위해 엎드린 그 시간 자체를 하나님은 기뻐하신다.

하루는 시각장애인 부모와 그들의 장난꾸러기 두 자녀

가 있는 가정에서 기도를 드렸다. 그런데 기도하는 여건이 쉽지 않았다. 물론 전에도 나는 이런 경우를 많이 경험했다. 때로는 인도의 공항터미널에서, 시끄러운 패스트푸드점 구석에서, 새벽녘에 불 꺼진 가로등 아래에서 기도를 드렸다. 그런데 이번 기도의 방해꾼은 추위나 졸음, 공안이나 박해가 아닌 장난꾸러기 아이들이었다. 기도하는 중에 한 명은 내 등에 매달려서 말을 탔고, 한 명은 내 목젖을 손가락으로 튕기거나 흔들었다. 더운 날씨로 인해 달궈진 작고 후덥지근한 그 공간에서의 기도 시간은 말 그대로 엉망진창이 되어 버렸다. 이런 아수라장에서 함께 기도하던 후배는 속으로 '내가 지금 뭐하고 있나'라고 생각했다고 한다.

그런데 다음 날, 후배로부터 연락이 왔다. 어제 그렇게 생각한 것을 회개했다면서 하나님이 주신 마음을 전했다. 후배는 그 상황 가운데 드린 기도를 하나님이 기뻐하신 것 같다고 고백했다.

기도가 얼마나 유효한지를 느끼고 판단하는 우리의 상태와 별개로 하나님은 우리가 드린 기도 자체를 받으신다. 어느 날 기도 중에 주님은 이런 감동을 주셨다.

"내 이름을 부르는 곳이 어디든 나는 너희와 함께할 것이다."

주님의 이름을 부르는 바로 그곳에 주님이 우리와 함께

하신다. 하나님은 기도에 집중하기 어려운 상황임에도 불구하고 우리가 드리는 기도를 통해 기뻐하신다.

만일 우리의 기도가 유효하지 않다고 가정하더라도 우리가 기도하는 시간과 공간 속에서 아이들은 부모의 신앙을 끊임없이 배워갈 것이다. 아이들이 기도를 방해하는 난처한 상황 속에서도 부모가 주님을 바라본다면, 바로 그 모습을 통해 신앙교육이 될 것이다.

함께하는 모든 시간이 아이에게 스며든다

부모는 자녀에게 신앙을 가르치려 하지만 도대체 어떤 방법으로 가르칠 수 있을까? 기도란 하나님을 찬양하거나 회개하는 내용으로 시작해서 예수님의 이름으로 마치는 것이라고 순서를 정해 가르치는 것이 옳은 일일까?

어른들의 태도에 관심을 갖든 안 갖든 상관없이 아이들은 주님을 바라보는 부모를 통해 신앙을 배운다. 그런 의미에서 신앙교육은 아이들과 함께하는 모든 시간이다. 사람은 좋은 말 몇 마디로 바뀌는 것이 아니라 서로 살아가는 삶을 통해 영향을 받고 바뀌게 된다고 믿는다. 그래서 나는 아내와 산책할 때나 운전할 때에 기도할 제목을 가지고 함께 기도하기도 하고 밤에 잠을 자다가 기도로 잠꼬대를 하기도 한다. 주방에서 설거지를 하거나 샤워를 할 때도 소리 내어 기도한다.

"지금 제가 무엇을 위해 기도해야 하는지 알 수 없지만 이 기도를 주님의 일에 사용해 주세요."

만일 북한에 굶어 죽어 가는 한 아이를 살리는 것이 아버지의 마음이라면, 만일 오지에서 복음을 전하는 선교사님에게 힘주시는 것이 아버지의 마음이라면, 나는 손을 들어서 이렇게 말하는 것이다.

"주님, 이 기도를 사용해 주세요."

무엇인가를 가르친다는 생각이 아니라 아이가 그렇게 되길 원하는 모양이나 방향으로 내가 그것을 하면 된다. 끊임없이 드리는 기도 소리를 듣고 자란 아이들은 부모의 이런 모습을 이상하게 여기지 않고 자연스럽게 따라 할 것이다. 그것이 바로 내가 우리 아이들에게 전해 주고 싶은 우리 가정의 신앙문화이다.

아이의 언어를 배우다

가족만의 신앙문화를 만들 때 기억해야 할 것은 아이들의 언어로 기도를 가르치고 아이들의 수준에서 말하는 것이다.

어린 시절, 가정예배를 드릴 때면 나는 종종 이렇게 기도했다고 한다.

"하나님, 제발 기도 작게(짧게) 해주세요."

어렸을 때 내가 드린 예배는 아무것도 알아듣지 못하는 말 때문에 지겹고 졸렸다. 어른들의 기도는 종교적인 언어로 가득해 이해하기가 어려웠다. 그런데 계속 반복해서 듣다 보니 어느새 나 역시 그렇게 기도하고 있었다. 어느 날은 수련회에 가서 기도제목 란에 그 뜻도 모르고 "거듭나게 해주세요"라고 적기도 했다. 도대체 이 말이 무슨 말인가!

어린아이가 이런 기도제목을 적었다고 해서 박수 칠 일은 아니었다. 왜냐하면 무슨 말인지, 무슨 맥락인지도 모른 채 적당한 종교적인 언어를 괄호 안에 넣는 것에 불과했기 때문이다.

나는 신학을 공부한 후에 인터넷 방송에서 이런 문제를 가진 청년들을 모아 함께 예배를 드렸다. 이렇게 자란 청년들은 "저는 모릅니다. 가르쳐 주세요"라고 묻기가 쉽지 않기 때문이다. 거기서 벗어나지 못하면 종교적인 언어로 무장한 채 하나님을 알지 못하는 청년이 되고 마는 것이다.

나는 우리 아이들이 아주 어릴 적부터 아이들의 언어로 기도를 했다. 멋있게 들리거나 수려한 단어들이 아닌 아이들이 이해할 만한 단어로 기도하려고 애썼다.

"하나님, 대훈이가 넘어져서 팔을 다쳤습니다. 그리고 마음도 다쳤습니다. 그 친구를 보는 제 마음도 아픕니다. 예수님, 고쳐 주세요. 치료를 받아야 하는데 좋은 의사선생님을 만나게 해주세요."

이렇게 말이다. 아이들의 언어로 기도하지 않으면 아이들이 듣는 말은 이해할 수 없는 종교적인 언어뿐이다. 내게 기도를 가르쳐 준 사람은 없었다. 당연하게도 내가 들었던 기도는 모두 유창했다. 그래서 나는 늘 기도에 자신이 없었고 사람들이 모였을 때 기도하는 것이 두려웠다. 기도를 알지 못했기에 기도가 두려워해야 할 대상이 되어 버렸던 것이다. 만약 아이에게 기도가 그렇지 않다는 것을 설명하려면 먼저 우리의 언어가 아이의 수준에까지 내려가야 한다.

만일 예수님이 이 땅에 오셔서 그분만의 신적 언어로 이야기하신 후 진심을 다했노라 하고 떠나셨다면 우리는 어떻게 되었을까? 우리 중 누구도 그분의 마음을 알 수 없었을 것이다. 하지만 예수님은 낮고 낮은 말구유에 성육신하셔서 우리의 눈높이에 맞추어 말씀하셨다.

"나는 양의 문이다. 나는 선한 목자이다."

예수님은 끊임없이 당신의 백성에게 자신을 낮추어 말씀하셨다. 주님이 내 시선과 수준에 맞추어 말씀하시고 인도하신 것처럼 아이들에게도 아이의 수준에서 이해하고 말하는 것이 중요하다.

나는 아이들에게 들려주는 기도에 늘 이 말을 빠뜨리지 않는다.

"예수님을 가장 사랑하게 해주세요."

아이들에게 기도를 가르치기 위해 드린 기도라기보다는 그것이 정말 내 소원이기 때문이다. 그런데 어느 순간부터 아이들이 자연스럽게 자기들의 말로 기도하기 시작했다.

"아픈 아이를 돌봐 주세요. 집 없는 친구를 안아 주세요.

천국에 꽃이 피게 해주세요. 사탄이 주는 마음이 아니라 예수님이 주는 마음을 따르도록 도와주세요."

그리고 기도가 길든지 짧든지 빠지지 않는 문장이 있다. 그것은 바로 "예수님을 가장 사랑하게 해주세요"이다. 작은 손을 모아 드리는 아이들의 기도가 얼마나 사랑스러운지 모른다. 나는 그 기도를 들은 후 다시 기도로 화답하곤 한다.

"아니에요. 제가 온유보다, 소명이보다 예수님을 더 사랑하게 해주세요."

그러면 아이들도 이어서 다급하게 기도를 한다.

"아니에요, 아니에요. 제가 아빠보다 더 예수님을 사랑해요."

나는 이렇게 만들어진 예수님과의 시간이 아이들 인생의 기초 체력이 될 것이라고 믿는다.

부모는 아이의 빈 시간을 가로채지 않는다

나는 하나님께서 각각 그 아이만의 시간을 허락하셨다고 믿는다. 그런 의미에서 모든 아이에게는 그들만의 빈 공간과 빈 시간이 필요하다고 생각한다.

주님은 지루한 시간, 기다리는 시간, 멈춰 있는 시간 동안 아이들을 통해 어떻게 일하실까? 그리고 부모는 아이들이 수없이 시행착오하며 자라는 시간을 어떤 마음으로 허용하고 인내하며 기다려야 할까? 나는 이것을 주님께 물었다. 아이를 향한 아버지의 마음이 무엇인지 묻지 않으면 "주님 앞에서 잘 훈련된 군사가 되어야 한다"는 논리로 믿음과 신앙으로 포장된 또 다른 형태의 강압적인 신앙훈련이나 폭력을 행할 수 있기 때문이다.

생산적이지 못한 방법 같아 보이지만 나는 빈 시간, 빈 공간을 통해 아이들이 생각하고 바로 그 생각을 통하여 주님이 일하신다고 믿는다. 비가 내리는 풍경을 바라보는 시간, 종이에 끄적끄적 낙서하는 시간, 동생과 토닥토닥 다투는 시간, 울며 잠든 시간, 다시 웃고 화해하는 시간…. 대단하지 않은 일상 속에서 눈에 보이지 않는 또 다른 교육의 영역과 상상력이 길러지는 시간들이 필요하다고 생각한다.

아이의 시간과 공간을 부모가 모두 채워 넣는 것이 아니라 주님께서 일하시도록 그 시간과 공간을 그분께 내어드리는 것이 필요하다. 생산적이어야만 하는 빼곡하고 바쁜 현대사회에서 우리는 주님께 주권을 내어드려야 한다.

주님의 계수법은 우리와 같지 않다. 나는 실용적이거나 생산적이지 않은 시간과 공간, 그 빈 시간과 빈 공간을 통해 주님이 어떻게 일하시는지를 지금까지 경험해 왔다.

주님의 구원이 그렇지 않은가? 전혀 실용적이지 않은 방식으로 나를 기다리셨고 만나셨으며 구원하셨다. 주님의 일하심과 주권을 내어드리는 것은 한 개인의 삶뿐 아니라 자녀 양육에 있어서도 마찬가지라고 믿는다.

부모로서의 책임감이 삶을 짓누를 때

하나님은 우리 아버지이시다. 나는 하나님이 내 아버지이시기에 살아가는 게 두렵지 않았다. 하지만 결혼은 두려웠다. 아내와 자녀가 생긴다면 책임질 자신이 없었기 때문이다. 그때 주님은 내게 이렇게 말씀하셨다.

"나는 네 개인의 아버지일 뿐 아니라 네 가정의 아버지란다."

나는 첫째 아이를 임신했다는 소식을 듣고 정말 뛸 듯이 기뻤다. 그리고 동시에 땅이 꺼질 만큼 무거운 중압감도 느꼈다. 그 견딜 수 없는 무거운 책임감으로 인해 곧 쓰러질 것만 같았다. 그때 주님은 위태위태한 내 심령에 말씀하셨다.

> "수고하고 무거운 짐 진 자들아 다 내게로 오라 … 내 멍에를 메고 내게 배우라 … 내 멍에는…" 마 11:28-30

수없이 들어서 알고 있던 말씀이었다. 하지만 수고하고 무거운 짐을 지고 있음을 느낀 후에야 이 말씀이 복음으로 다가왔다.

"네 수고와 무거운 짐을 스스로 지려 하지 말고 내게로 가지고 오렴. 대신 내 멍에를 지렴. 그것은 가벼운 것이란다."

그리고 이어 말씀하셨다.

"먼저 그의 나라와 의를 구하여라. 그리하면 네게 있어야 할 것을 부족함 없이 채워 줄 것이다."

결혼을 하여 남편이 되고 아빠가 된다고 해서 말씀의 권위가 바뀌는 것이 아니다. 우리는 상황과 처지가 바뀌어도 하나님이 어떤 분이신지를 기억해야만 한다. 나무를 누가 만드셨는지, 땅을 누가 만드셨는지, 하늘을 누가 만드셨는지, 나를 누가 만드셨는지, 내 자녀를 누가 만드셨는지 기억하는 것이 복음의 시작이다. 그 하나님이 내게 말씀하셨다. 먼저 그분의 나라와 의를 구하면 나를 먹이고 기르시겠다고 말이다. 주님은 내게 이 말씀이 여전히 유효하다고, 이 말씀의 약속 위에 삶의 기초를 놓아야 한다고 하셨다.

사울 왕은 선지자 사무엘을 기다리지 못했다. 기다리지

않은 이유는 전쟁의 적기를 알고 있었기 때문이고, 자신의 백성을 지키고 싶었기 때문이다. 그는 사무엘을 기다리다가는 자기 백성들이 다 죽을 것만 같았다. 하지만 그가 간과한 것이 하나 있다. 이스라엘 백성은 사울 왕의 백성이기 이전에 하나님의 백성이라는 사실을 말이다. 내 자녀에 관한 문제도 마찬가지다.

지금 이 순간, 우리는 주님의 주권 아래 있다

마가복음 7장을 보면 수로보니게 여인이 딸의 아픔을 가지고 예수님께 나아가는 장면이 나온다. 그때 예수님의 반응은 납득하지 못할 만큼 매정하고 낯설다.

"자녀의 떡을 취하여 개들에게 던지는 것이 마땅하지 않다."

이 납득 못할 말씀 앞에 우리 역시 당황하게 된다. 어쩌면 선지자 중의 가장 큰 자라는 세례 요한도 예수님에 대한 소문이 자신의 이해와 너무 달라서 당황했을지 모른다. 자신은 독주를 금하고 메뚜기와 석청을 먹으며 극도로 절제된 삶을 살았는데, 오실 메시야라는 예수님은 죄인들의 친구이며 먹기를 탐하는 자라는 소문이 가득했기 때문이다.

세례 요한은 옥중에서 제자들을 예수님께 보내어 물었다.

"오실 이가 당신이 맞습니까?"

예수님은 말씀하셨다.

"나로 인하여 실족하지 않는 자는 복이 있다."

때때로 우리는 예수님으로 인해 실족하곤 한다. 어려움과 시련 앞에서 예수님이 침묵하시거나 매정하게 대하신다는 느낌을 받을 때에 그렇다. 그러나 예수님은 우리에게도 동일하게 말씀하신다.

"나로 인하여 실족하지 않는 자는 복이 있다."

그런데 예수님으로부터 모욕적인 말을 들은 수로보니게 여인의 첫마디는 매우 놀랍다.

"옳습니다. 하지만 상 아래에 있는 개들도 자녀들이 흘리는 부스러기를 얻어먹습니다."

예수님은 "옳습니다"라는 대답을 들으시고 그녀의 믿음을 칭찬하셨다.

하나님의 마음으로 자녀를 기르고 싶지만 마음과는 달리 깜깜한 터널, 깊은 절망, 풀리지 않는 문제를 만나게 되면 실족하거나 주님을 원망하게 되곤 한다. 하지만 그때조차도 우리는 주님의 주권을 인정해야 한다. 실족하는 대신 "옳습니다. 주님, 제가 이해하지 못하는 상황 속에서도 주님이 하시는 모든 일이 옳습니다"라고 고백해야 한다. 내

판단을 유보하고 내 마음의 보좌에 주님을 왕으로 모셔야 한다. 그러면 하나님은 우리에게 그분의 마음을 부어 주신다.

그런데 주님께 답이 있다는 말을 믿고 자녀 문제를 여쭙고 싶지만, 기도로 주님의 인도하심을 받고 싶지만, 환경과 여건뿐 아니라 내 마음이 집중되지 않을 때도 있다.

이스라엘로 떠나기로 한 어느 날, 내 마음은 마치 광야 같았다. 도착해서 한국으로 돌아가는 날까지 그랬다. 주님을 예배하고 싶었지만 내 마음속 무언가가 고장 난 것만 같았다. 나는 고장 난 마음으로라도 계속 주님을 바라보고 싶었지만 그것이 쉽지 않아 텅 빈 마음으로 주님께 기도했다.

"주님, 다른 건 없어도 되지만 주님을 향한 마음이 없으면 살지 못할 것 같아요."

이스라엘에서의 마지막 날, 그곳에서 만난 사역자 한 명이 내게 다가왔다. 누구에게도 내 마음의 상태를 말하지 않았는데 그는 이런 말을 건넸다.

"하나님이 이런 마음을 주셔서 나누어요. 당신은 마음이 닫혀 기도하기 쉽지 않았지만 다윗처럼 하나님을 바라보았고 주님은 그 모습을 기뻐하셨어요."

그 말을 듣고 얼마나 눈물이 났는지 모른다. 주님을 예배하고 싶었지만 내 마음이 문제인 것 같아서 얼마나 속상하고 안타까웠는지 모른다. 그럼에도 불구하고 나는 주님을 바라보기 위해 발버둥 쳤다.

그러나 내 마음에 아무것도 느껴지지 않는 그때조차도 하나님은 나와 온 땅을 통치하고 계셨다. 그리고 그 시간조차도 하나님의 주권 안에 있었다. 그 사실이 나를 얼마나 위로해 주었는지 모른다. 그 뒤로도 나는 울고 아파해야 하는 수많은 상황들을 만났지만 그때마다 이스라엘에서의 기억을 떠올리며 고백했다.

"주님, 이 시간조차 주님의 주권 가운데 있습니다."

이 시간이 주님의 주권 가운데 있음을 믿는다면 이제 우리는 '나는 이 상황에서 무엇을 선택할 것인가? 나는 어떻게 반응할 것인가?'라는 질문을 가지고 선택하게 된다.

우리는 종종 아이들과 함께하는 시간 속에서 도저히 납득하지 못할 시간을 만나게 된다. 그러나 그때에도 동일하게 고백해야 한다.

"이 시간조차 주님의 주권 가운데 있습니다."

그러고 나서 우리는 이 고백 위에 믿음으로 반응해야 한다.

우리는 진정 무엇을 두려워해야 하는 것일까
우리는 주님의 얼굴을 구하지 않는 것을 두려워해야 하며
아이를 두려워하는 것이 아니라
아이가 하나님 앞에 서지 못하는 것을 두려워해야 한다

육아에 대한
Q & A

어떻게 하면 어릴 때부터 말씀을 가까이하게 할 수 있을까?

아이가 어릴 적에는 시편 1편, 23편과 같이 부모에게도 익숙한 말씀을 암송했다. 우리는 매 주일 교회학교에서 나눠 주는 말씀과 두 아이와 아내가 어와나(Awana)에 참여해서 배운 말씀을 암송하고 있다. 차를 타고 가는 시간이나 빈 시간에 성경을 암송하기 위해 어디를 가든지 암송할 종이를 들고 다니는 편이다.

말씀을 많이 암송하는 것도 중요하지만 무엇보다 아이들이 말씀대로 살아가는 것이 중요하기에 우리는 그것을 놓고 기도한다. 아이들을 훌륭한 인재로 키워 주지는 못하더라도 주님을 사랑하는 아이로 기르고 싶다.

"너희가 나를 사랑하면 나의 계명을 지키리라" 요 14:15
"나의 계명을 지키는 자라야 나를 사랑하는 자니" 요 14:21

예수님을 사랑하는 사람이 계명을 지킬 수 있으며 계명을 지키는 사람이 예수님을 사랑하는 사람이기 때문이다.

어떻게 하면 우리 가정의 신앙문화를 만들 수 있을까?

선교사 자녀를 인터뷰하는 방송에서 결혼한 신혼부부를 만난 적이 있다. 형제는 항상 잔칫집 같은 선교사 가정에서 자랐고 자매는 조용하고 젠틀한 선교사 가정에서 자랐다. 흥이 있는 가정과 독서를 좋아하는 가정이 만나서 경험한 첫 명절은 서로에게 어색하고 낯선 시간이었다고 한다.

그렇다면 어느 쪽이 옳은 가정일까? 그런 것은 없다. 지적인 탐구를 통해 다양한 삶을 나눌 수도 있고, 관계를 중요하게 생각해서 생동감 있는 삶을 이끌어 낼 수도 있다. 이것이 저것보다 못하다는 생각은 갈등과 격차를 만들 뿐이다. 마찬가지로 신앙문화에 있어서도 무엇이 아이들에게 더 우월한 것이라고 딱 잘라 말할 수 있을까?

신앙문화는 각 가정마다 차이가 있다. 다만 아이 스스로가 언제든 주님께 묻고 주님의 주권을 인정하고 스스로 주님을 알아갈 수 있도록 도울 수 있는 신앙문화였으면 좋겠다. 자신만의 특별한 색깔을 가지고 주님의 인도하심을 따라 걷는 아이들이 만들어 갈 궤적은 상상만 해도 아름답다.

어떻게 신앙교육을 하면 좋을까?

아이에게는 기도와 말씀이 필요하다. 하지만 우리는 그것을 훈련이라고 명명할 만큼 특별하게 진행하지는 않는다. "우리 같이 기도하자"라고 하면 온 가족이 같이 기도하고, 만약 내가 바빠서 집에 늦게 들어가면 아내가 아이들과 함께 말씀을 암송한다.

우리는 종종 아이들에게 해야 할 것을 뒤로 미루면 안 된다고 말한다. 그래서 아이들은 먼저 말씀을 외운 후에 놀곤 한다. 아이들이 한글을 익히고 난 뒤에는 말씀 읽는 훈련을 시작했다. 온유와 소명이가 한 절씩 읽으면 내가 그 내용을 알려 주고 함께 기도한다. 때론 생각하지도 못한 기도가 아이들의 입술에서 흘러나오기도 한다.

"우리가 예수님을 전하다가 감옥에 갇히게 되면 우리도 바울처럼 편지를 쓰게 해주세요. 그 편지를 보고 많은 사람들이 예수님을 믿게 해주세요."

기도가 끝나면 아이들은 서로 궁금한 것을 질문한다. 오늘은 소명이가 질문했다.

"아빠, 바울은 왜 감옥에 갇혔어요?"

온유가 그 대답을 대신했다.

"소명아, 그땐 예수님을 믿으면 모두 감옥에 갇혔어."

그러나 말씀과 기도에 대한 이런 훈련보다 내가 가장 신경 쓰는 신앙교육은 일상 속에서 걸어 다니며 기도하고 주님을 찾고 주님을 찬양하는 모습을 부모가 보여 주는 것이다. 며칠 전 차 안에서 온유가 내게 이런 말을 했다.

"문을 열거나 어디를 갈 때 하나님이 내게 자꾸만 기도하라는 마음을 주셔. 소명이랑 다툴 때도 하나님이 그런 마음을 주지 않으셨다면… 어휴!"

감사하기도 하고 웃음도 났다.

'아빠가 보기에는 소명이를 별로 배려하는 것 같지 않았는데 그나마 기도를 해서 이 정도구나.'

효율성을 따져 묻는 우리에게 과연 그것이 옳은지 하나님이 물으시는 것 같다. 1단계 신앙교육, 2단계 신앙교육 등 이런 심화과정으로 하나님을 알아가는 방법도 필요하겠지만 동시에 눈에 보이지 않는 길고 긴 시간 속에서 눈에 보이지 않는 주님을 조금씩 점차 알아가는 것도 중요하다고 생각한다.

어떻게 하면 포기하지 않고
가정예배를 꾸준히 드릴 수 있을까?

하나님은 어린아이들에게 꼿꼿한 자세로 "묵도 드림으로써 예배를 시작하겠습니다"라고 하시는 분일까? 예배를 어른들의 입장에서 엄숙하고 격식 있는 자세로 접근하는 대신 아이의 수준에서 놀이처럼 다가가면 어떨까? 아이들은 놀이로 무언가를 배우고 익히는 데 능숙하기 때문이다.

먼저, 예배가 너무 장난스럽지 않나 싶을 정도로 아이의 눈높이에서 예배의 순서를 세운다. 우리 집은 크게 "시작 기도 → 말씀 묵상 → 기도제목 나누기 → 모두 돌아가면서 기도 → 주기도문" 순으로 드린다. 내용을 어떻게 채우느냐는 연령대와 집안 분위기에 맞추면 좋다. 찬양도 찬송가가 아닌 아이들에게 익숙한 찬양을 부모가 배워서 부르고 때로는 율동도 겸한다. 아이에게 예배 순서의 한 몫을 맡겨도 되고, 찬양 시간을 장기자랑 분위기로 흥겹게 연출해도 되겠다.

말씀을 묵상할 때는 부모가 먼저 내용을 이해한 후에 본문을 읽고 아이의 언어로 풀어서 들려주는 것이 중요하다.

이후에는 본문에 대한 서로의 생각을 나눈 후 그 내용을 가지고 함께 기도를 드리면 좋다. 아이들에게 물어봐서 누구누구 순서로 함께 기도할지 순서를 정하거나 한목소리로 기도를 해도 좋다. 부모가 기도할 때도 마찬가지로 아이의 언어로 한다.

"하나님, 오늘은 아침에 일어나는데 몸이 피곤했어요. 주님이 힘주세요. 떨어져 있는 우리 가족들도 기억해 주세요. 몸이 아파서 불편한 희철이를 위해서도 기도드려요. 좋은 의사선생님을 만나고 운동도 열심히 해서 건강해지면 좋겠어요."

우리는 기도가 끝나면 "주기도문송"으로 예배를 마무리한다.

일반적으로 생각하는 경건한 분위기보다는 아이들에게 좋은 느낌이 들도록 진행하자. 아이들이 다음에 드릴 예배를 기대하며 기다릴 수 있도록 말이다. 이런 방식으로 예배가 지속적으로 진행되면 그때 서서히 각 가정마다의 약속, 순서나 중심을 찾아가면 된다.

아이가 드리는 기도는 어른이 생각하지 못한 아름다운 내용이 많다. 그래서 나는 늘 녹음을 해 두는데 아이가 많이 자란 후에 들려주면 좋은 추억이 될 것 같아서이다.

무조건 부모의 명령을 따르게 하는 것이 좋을까?

온유가 폐렴으로 입원한 적이 있다. 그때 처방받은 약은 어른이 먹기에도 쉽지 않을 만큼 독했다. 약을 먹고 토한 후, 다시는 먹지 않겠다며 온유는 손으로 입을 막기까지 했다.

아내가 온유에게 억지로 약을 먹이려고 몇 번을 시도하다가 결국 포기하고 아이와 대화를 나누었다. 왜 이 약을 먹어야 하는지에 대해 차근차근 설명해 주었다. 그러자 아직 네 살밖에 안 된 아이가 참아 가며 약을 먹는 것이 아닌가. 우리는 이 모습에 적잖이 놀랐다.

마음이 닫혀 있으면 아무리 필요하고 좋은 약이라도 아이가 받아들이지 못한다. 이때 받아들이지 않는다고 호되게 야단치면 아이는 일방적으로 부모에게 끌려가게 된다. 당장은 이 방법이 먹힐 수 있겠지만 아이의 긴 인생을 내다보면 결코 좋은 방법이 아니라고 생각한다.

아이를 재우는 시간을 어떻게 보내면 좋을까?

소명이는 아기 때 잠을 잘 자는 편이었는데 온유는 그렇지 못해 잠투정을 많이 부렸다. 그럴 때면 나는 아이를 업고 잠들 때까지 기도를 드렸다. '기도하라고 주신 시간이구나', '지금은 기도해야 할 때이구나'라는 생각이 들었기 때문이다. 아이를 재우는 시간을 일로 생각하면 어렵지만, 기도하라고 허락하신 시간이라고 생각하면 도리어 주님이 채워 주시는 은혜가 있다.

사람의 뇌는 자는 동안 특별한 활동을 한다고 알려져 있다. 특히, 잠든 시간에 저장해야 할 정보들과 버려야 할 정보들이 만들어진다고 한다. 그래서 나는 아이들이 잠들기 전에 기도하는 것을 중요하게 생각한다. 잠들기 전에 안아 주는 순간, 잠들기 전에 기도하는 순간… 그 순간들을 소중히 여긴다.

나는 잠들기 전에 하루의 마지막으로 묵상하고 싶은 말씀을 읽곤 한다. 꿈속에서도 예수님을 만나고 싶기 때문이다. 이제 훌쩍 커 버린 아이들이 잠들기 전에 이렇게 기도한다. "예수님 꿈 꾸게 해주세요."

어떻게 아이를 훈육하면 좋을까?

1. 훈육하기 전에 생각해 보기

먼저 야단치는 이유가 '아이들의 잘못' 때문이 아니라 그저 '아이들'이기 때문에 그런 것은 아닌가 생각해 보아야 한다. 아이라는 존재는 만지고 싶은 것을 만지고 궁금한 것을 질문하게 되어 있다. 그렇기 때문에 부모는 아이의 행동이 마땅한 것인지, 실수인지, 아니면 잘못인지를 들여다보며 아이의 눈높이에서 그 과정을 함께해야 한다.

"혹시 내 시간과 공간 안에 아이를 가둬 두고 닦달하고 있는 것은 아닐까? 하나님은 이것을 어떻게 생각하실까?"라고 스스로에게 질문해 보자.

아이의 손이 닿을 만한 곳에 소중한 것, 고장 날 것을 미리 치워 두는 것만으로도 부모와 아이의 마음을 지킬 수 있다. 그런데 최적의 장소, 최적의 시간, 조화로움만을 주장하며 어른도 아이만큼 끊임없이 고집을 부린다. 결국 아이의 잘못이라기보다는 내 마음대로 되지 않는 것이 더 문제가 아닐까?

자녀들이 아이로 보내는 시간은 영원하지 않다. 누워만

있다가 어느새 뒤집고 그러다가 기어 다니고 짚고 일어나더니 결국 걷기 시작한다. 길다면 길고 짧다면 짧은 이 시간을 부모는 어떻게 보낼 것인가?

어떤 아이도 뒤집다가 바로 일어나 걷지 않는다. 이 당연한 시간을 아이의 눈높이에 맞춰 보자. 우리의 수준에 맞춰 기다려 주시고 말씀해 주시는 주님처럼….

2. 훈육의 방법과 원칙

자녀의 나이에 따라 훈육의 방법이 달라지겠지만, 기본 원칙은 과정에 충실했으나 결과가 좋지 않았을 때와 실수를 했을 때는 훈육을 하지 않는다는 것이다. 누구나 처음에는 실수를 하기 마련이다. 그런데 그 실수를 용납해 주지 않는다면, 아무리 좋은 의도를 가지고 있더라도 나중에는 시도조차 하지 않으려 할 것이다.

하지만 거짓말을 하는 경우나 의도를 가지고 누군가에게 위해를 가하는 경우에는 따끔하게 훈육을 한다. 물론 그때에도 고양이가 쥐를 궁지에 몰아넣듯 몰아붙이면 안 된다. 그러면 개선할 의지가 꺾이고 좌절과 자기 비하에 빠질 수 있기 때문이다.

훈육할 때 가장 중요한 점은 아이 스스로 '내가 무슨 행동 때문에 야단맞는지'를 깨닫도록 하는 것이다. 그리고 훈육을 끝낸 뒤에는 관계를 회복하기 위해 노력해야 한다. 훈육은 잘못된 행동이나 마음을 향한 것이지 아이의 존재를 향한 것이 아니기 때문이다.

나는 잠들기 전에 훈육을 한 이유를 말해 주거나 안아 주면서 사랑한다고 말해 준다. 아이들에게는 그날 하루의 마지막 기억이 중요하다. 처음이 아무리 좋아도 마지막이 안 좋으면 나쁜 추억으로 남지만, 처음이 안 좋아도 마지막이 좋으면 좋은 추억으로 남기 때문이다.

3. 훈육할 때 아빠 엄마의 역할

우리는 여러 사람이 있는 곳에서 아이가 잘못된 행동을 하면 구별된 장소로 데려가 훈육을 한다. 집에서도 두 아이가 같이 혼나는 경우가 아니라면 방에서 훈육을 한다. 사람들 앞에서 야단맞으면 아이들도 자존심이 상하기 때문이다.

우리는 아빠 엄마가 각각 훈육을 하더라도 서로의 입장이 다르지 않음을 아이들에게 보여 주려고 한다. 상대방이 훈육하는 이유나 방법을 동의할 수 없을지라도 '훈육하는 역할'과 '품어 주는 역할'이 나뉘게 되면, '착한 편'과 '나쁜 편'으로 나뉠 수 있기 때문이다. 이는 아이들이 착한 편에 줄을 서게 되고 나쁜 편을 외면하는 일을 방지하기 위함이다.

어떻게 하면 밥 잘 먹는 습관을 들일 수 있을까?

우리는 밥 먹는 습관을 특별히 교육하지 않았다. 단, 밥을 다 먹고 난 후에 놀도록 허락했고, 밥을 다 먹어야 좋아하는 간식을 꺼내 놓았다.

같은 부모에게 태어난 아이들이라도 먹는 취향이 제각각이다. 온유는 감을 좋아하는데 소명이는 사과를 좋아한다. 온유는 초콜릿을 좋아하는데 소명이는 그렇지 않다. 그런데 자랄수록 좋아하는 음식이 조금씩 변하기도 한다. 온유는 초등학교 입학 후에 매운 음식을 먹게 되었고 김치도 스스로 찾아먹게 되었다.

언젠가 통영에서 며칠간 해산물만 먹은 이후, 온유와 소명이는 2년간 해산물이라고 하면 치를 떨었다. 그때 아이들의 마음을 이해하여 기다려 주었더니 다시 구운 생선을 시작으로 해산물을 먹기 시작했다.

우리는 좋아하는 음식만 골라먹는 것은 경계하지만 그렇다고 싫어하는 음식을 억지로 먹이지 않는다. 다만 먹지 않더라도 맛은 보게 하는 편이다.

아이들과 함께하는 놀이에는
어떤 것들이 있을까?

우리는 끝말잇기, 수수께끼, 스무고개를 자주한다. 그리고 알까기, 숨바꼭질, 빙고, 팔씨름, 공공칠빵, 차를 타고 갈 때는 간판 이름 말하기를 하면서 논다. 때론 아이들이 연극놀이, 학교놀이, 방송국놀이, 미술관놀이를 하면서 그 놀이 가운데 부모를 초대하는 경우도 있다.

소개할 만한 놀이로는 '보물찾기 미션카드'가 있다. 일단 10개 이상의 메모지에 지시사항을 적은 후에 각각의 장소마다 숨긴다.

"화장대 안을 보세요."
"신발장 아래를 보세요."
"밥솥 안을 보세요."

이렇게 미션을 준 후, 각 지시 미션마다 행동지침을 더한다.

"동생이 좋은 점 세 가지를 말하세요."
"엄마의 어깨를 안마해 주세요."
"밥 못 먹는 친구들을 위해 기도해 주세요."

이 놀이를 통해 아이들의 마음속 이야기를 들을 수 있을 뿐 아니라 형제애도 기를 수 있고 즐거운 분위기에서 아이들이 누군가를 위해 기도하도록 도울 수도 있다. 그리고 미션카드의 마지막에는 반드시 보물이 준비되어 있어야 한다. 이를 통해 아이가 평소에 갖고 싶어 한 것을 줄 수 있을 뿐 아니라 미션카드 놀이를 수행하는 데도 동기를 부여할 수 있다.

텔레비전 프로그램은 어떻게 선별해서 보여 주면 좋을까?

아이들이 어릴 적에는 간혹 EBS 만화를 보여 주었지만 지금은 텔레비전을 보기 불편한 곳으로 치워 버렸다. 나 역시 만화와 영화를 매우 좋아하지만 아이들과 함께 나도 보지 않기로 결정한 것이다. 때로 보고 싶은 영화가 있을 때는 아이들이 일찍 잠든 날에 아내와 함께 본다.

텔레비전은 온 가족이 한 달에 한두 시간 정도 보는 것 같다. 단, 양가 부모님 댁에 가면 거기서는 잘 보여 주는 편이다. 그곳에 갔을 때만 느낄 수 있는 자유로운 정서(?)를 허락해 주고 싶어서이다. 하지만 그곳에서도 정서적으로 좋지 않은 방송이나 주술적인 만화는 보여 주지 않는 편이다. 물론 특정 프로그램을 보여 주지 않을 때는 아이에게 그 이유를 정확하게 이해시킨다.

고집을 부리고 짜증이나 화를 낼 때
어떻게 반응하면 좋을까?

아이들이 체력이 방전될 만큼 활발하게 활동한 날이나 졸려서 짜증을 내거나 고집을 부릴 때는 가능한 한 빨리 재우려고 한다. 짜증을 내는 것은 쉼이 필요하다는 신호이기도 하기에 짜증내거나 고집부릴 수 있는 상황을 미연에 방지하려는 것이다.

하지만 컨트롤할 수 있는 상황에서는 고집을 부리거나 짜증을 내는 이유를 물어 합당한 내용이면 수긍을 하고 아이와 함께 합의점을 찾아보기도 한다. 이때 무엇보다 "지금 짜증이 나는구나" 하며 공감해 주려고 노력한다. 그러나 막무가내로 짜증과 화를 내는 경우에는 설득을 하거나 훈육을 한다.

아이들은 매일 변한다. 물을 좋아하던 소명이가 돌이 지나면서 물을 싫어하게 되었고 얼마 지나니까 또 물을 좋아하게 되었다. 같은 물 앞에서도 짜증내거나 즐거워할 수 있다. 온순했던 아이가 짜증을 내다가 다시 천사가 되기도 한다. 그래서 훈육해야 할지, 기다려야 할지가 매순간 달라진다.

아이들이 장난감을 사달라고 할 때
어떻게 반응하면 좋을까?

아내와 나는 둘 다 장난감을 좋아하는 편이다. 그래서 장난감을 구경할 때면 우리도 흥미롭게 쳐다본다. 하지만 장난감을 구경한 후, 마음에 드는 것을 사는 경우는 극히 드물다. 우리는 아이들이 정말 갖고 싶어 하는 것이 무엇인지 생각해 두었다가 생일이나 기념할 만한 날, 칭찬하거나 축하해야 할 날에 선물하는 편이다. 그리고 금방 싫증낼 만한 장난감이나 캐릭터 장난감은 잘 사주지 않는다. 또한 사준 장난감이 방치될 경우에는 다음에는 어떻게 하면 좋을지를 아이에게 묻는다.

부모는 대신 죽어 줄 수 있을 만큼 아이를 사랑하지만 그 사랑이 아이가 원하는 것이라면 무엇이든 가져다주는 것이라고 생각하지는 않는다.

아이들에게 하고 싶은 것과 해야 하는 것을 어떻게 구분해 줘야 할까?

우리는 아이들에게 하고 싶은 것보다 해야 할 것을 먼저 해야 한다고 자주 말한다. 하고 싶은 것을 다 해버리면 해야 할 것이 항상 뒷전으로 밀리기 때문이다. 그렇다고 그것을 엄격하게 요구하지는 않는 편이다. 아이들이 기계처럼 구분을 지어 사는 삶을 원하지 않기 때문이다. 다만 아이들이 고민하고 선택해야 할 때 이를 기준으로 생각하기를 바란다.

M. 스캇 펙은 「아직도 가야 할 길」에서 이렇게 말한다.

"삶은 고해이다. 하지만 고통스럽다는 것을 인정한 사람에게는 더 이상 고통스럽지 않다. 문제는 우리에게 용기와 지혜를 요구할 뿐 아니라 없던 용기와 지혜를 만들기도 한다. 이는 마치 아이들에게 일부러 문제를 내주고 풀어 보도록 하는 것과 같다. 문제를 피하려고 하면 문제가 주는 고통보다 피하려고 하는 마음 때문에 사실은 더 고통스러워진다."(M. 스캇 펙, 「아직도 가야 할 길」, 율리시즈, 저자 재인용)

스캇 펙은 고통을 이겨내는 슬기로운 기술 중 하나가 즐거움을 나중에 갖도록 자제하는 것이라고 말한다. 즉, 고통을 먼저 겪은 뒤 즐거움을 갖게 되면 그 즐거움을 더 잘 즐길 수 있다는 말이다. 열두 살 아이가 숙제를 먼저 해치운 다음 놀러 나가는 것처럼 말이다. 그는 이러한 기술은 열 살 아이도 할 수 있을 만큼 절대로 복잡하지 않다고 강조한다. 그러나 대통령이나 권세 있는 사람들에게는 이것이 어렵다고 한다. 그 이유는 그 사람의 의지 때문인데 그는 이 의지를 '사랑'이라고 말한다.

나는 아이들이 자라서 무언가를 선택해야 할 때 나타나는 가장 큰 의지가 바로 주님을 사랑하는 것이길 바란다.

"너희가 나를 사랑하면 내 계명을 지킬 것이다" 요 14:15, 새번역

아이의 문제가 당장 해결되지 않아 조급해질 때 어떻게 하면 좋을까?

아이들을 대할 때 지금 보이는 문제를 단시간에 고치려 하면 문제를 보다 크게 만들 수 있다.

온유가 유치원에 다닐 때 틱 증상이 있었다. 우리는 이런 아이를 지켜보며 마음이 무척 힘들었지만 기도하며 이 또한 지나가기를 바랐다. 그리고 온유가 의식하지 않도록 강제하거나 지적하지 않았다.

관련 자료를 찾아보면 틱 증상이 빠르게는 몇 개월 만에 사라지기도 한다는데 우리 같은 경우는 거의 2년여 동안 지속되었다. 결국 우리는 그 시간을 통해 기다림을 배웠다. 그저 기다려 주는 것이 얼마나 중요한 것인지에 대해서 말이다.

남들보다 느리다고 조급해하거나 문제를 억지로 풀어내려 하면 더욱 엉켜 버리는 경우가 있다. 우리는 문제를 통해 더욱 주님을 만날 수 있도록, 주님이 우리에게 들려주시는 말씀을 들을 수 있도록 기도해야 한다.

바빠서 아이들을 볼 시간조차 없을 때 어떻게 하면 좋을까?

능력 있는 아빠가 되려면 정신없이 바빠야 한다. 그런데 그렇게 되면 아이들의 얼굴을 보지 못할 때가 종종 있다. 나는 얼마나 자주 얼굴을 보느냐보다 더 중요한 것은 아이에게 아빠의 진심을 전하는 일이라고 생각한다. 그렇기 때문에 먼저는 아이에게 어떻게 아빠의 사랑을 느끼게 할 수 있을까를 고민하면 좋을 것 같다.

그런데 만일 지금의 상황이 반복적인 야근 정도가 아니라 몇십 년이 지나도 아이 얼굴 한 번 제대로 보지 못할 상황이라면 다니고 있는 회사나 처해 있는 환경의 변화를 고민하거나 여러 대안을 생각해 보면 좋을 것 같다.

왜냐하면 이는 지속적으로 예배에 참석하지 못할 때 신앙이 조금씩 흐려지는 것과 비슷한 문제이기 때문이다. 이 말은 세상살이를 우습게 여긴다거나 돈이 중요하지 않다는 말이 결코 아니다. 다만 더 나은 관계와 가치를 얻기 위해 어떻게 할지를 두고 기도하면서 나아가야 할 것이다.

나는 믿는 것을 행동해야 한다고 생각한다. 이것도 포기하기 힘들고 저것도 포기하기 힘들지만 모두 다 가지는 것은 쉽지 않다. 정말 가치 있다면 어느 정도의 희생과 어느 정도의 불편함은 감수해야 한다.

아이들과 여가 시간을 어떻게 보내면 좋을까?

나는 보통 아이들이 노는 공간 곁에서 아내와 함께 차를 마신다. 텔레비전 앞에 있다면 지루할 틈이 없겠지만, 그렇지 않은 아이들은 지루해하다가 스스로 새로운 놀이를 만들어 노는 것을 반복한다. 지루한 것을 지루하지 않게 만들려고 하면 계속해서 자극적인 요소를 더해야 한다. 하지만 지루한 것을 그대로 두면 자기들끼리 어떻게 해서든 놀이를 만들어 새로운 재미를 찾아낸다.

아이들이 미술관놀이를 하면 우리는 만들어 준 입장권을 받는다. 아이들이 안마놀이를 하면 안마 이용권에 사인을 해 준다. 우리의 역할은 아이들의 놀이에 그저 고개를 끄덕여 주는 정도이다. 무엇 하나 대단한 것 없는 일상이다.

아이들과 대단한 시간을 보내지는 않지만 함께 있는 시간 그 자체가 특별하다. 지금 이 시간은 다시 오지 않을 유일한 시간이기 때문이다.

육아에 대한 남편과 아내의 생각이 다를 때 어떻게 조율하면 좋을까?

육아에 대한 부담이 아내에게 더 많기에 나는 대부분 아내가 원하는 방향이나 입장에 맞춘다. 그리고 서로의 의견을 운전할 때나 산책할 때 수시로 나눈다. 만약 아무 대화 없이 몇 년이 지난 후에야 서로의 의견을 조율하려 한다면 의견 차가 너무 커서 힘들 것이다.

아빠가 아이를 볼 시간이 없다고 해서 엄마에게 모든 양육의 책임이 있는 것은 아니다. 아이들은 부모의 모습을 보고 자란다. 아빠가 부재한 시간마저도 아이에게는 영향을 준다.

실제적인 양육은 아내를 통해 이루어지지만 주님은 자녀 양육에 대한 책임을 부모 모두에게 물으실 것이다.

싫어했던 부모님의 행동을 아이에게 똑같이 되풀이하고 있는 나, 어떻게 하면 좋을까?

누구나 그렇지 않을까?

우리는 오랜 시간 보고 배운 행동을 자신도 모르게 똑같이 따라 하게 된다. 그렇기 때문에 주님께 묻지 않으면 습관을 따라 아이에게 잘못된 방식으로 가르치게 된다.

또한 아이들은 부모의 모습을 보면서 하나님의 상(像)을 그려 나가게 된다. 부모는 자신의 부족한 면을 통해 하나님에 대한 잘못된 상이 만들어지지 않도록 하나님의 성품에 대해 아이에게 계속해서 말해 주면 좋다.

남편이 육아에 전혀 신경을 쓰지 않는데
어떻게 하면 좋을까?

남자는 말해 주지 않으면 잘 모른다. 그래서 일부러 하지 않는 게 아니라 잘 못하는 경우가 더러 있다. 남자에게는 실천 가능한 작은 것부터 구체적으로 요구하는 것이 좋다. "방 좀 치워 주세요"보다는 "청소기로 바닥을 청소하고 쓰레기통을 비워 줄 수 있어요?"라고 말이다.

그리고 남자는 실수할까 봐 자신 없는 일은 회피하는 성향이 있다. 처음부터 잘할 수 없으니 쉬우면서 함께할 수 있는 미션을 주되, 혹 실수하더라도 심하게 야단치지 않기를 바란다. 만약 그럴 경우 다음부터 아예 하려고 하지 않을 것이기 때문이다. 남자도 아이와 마찬가지라서 실수를 통해 배우고 칭찬을 통해 격려를 얻는다. 치사해도 이해해야 한다. 남자는 어른이 되어도 아이 같다.

"왜 자기만 생각해" 같은 말도 금기어이다. 각자 자기 입장에서는 가정을 위해 수고한다고 생각하기 때문이다. 칼로 무 베듯 뚝 자를 수 없는 게 인생이다. 만약 그렇게 정죄하게 되면 상대방은 '아, 지금까지 나 혼자만을 생각했구나'라고 회개하는 대신 '정말 나 혼자만 생각하는 모습'을 제대로 보여 주려 할지 모른다. "왜 자기만 생각해"라는 말을 "왜 자기는 항상 나만 생각해"라는 말로 바꾸어 보면 어떨까? 그러면 상대방은 이 말 한마디로 지금보다 더 가족을 위하는 사람으로 바뀔지 모른다. 할 수 있는 아주 작은 것부터, 그리고 인정해 주는 말부터 시작해야 남편을 조금씩 바꿀 수 있다.

편부모 가정에서 어떻게
상처 없이 아이를 키울 수 있을까?

내 주변에도 편부모 가정이 많다. 그로 인한 상처는 시간이 필요하다. 단시간에 치유하려 들면 더 꼬일 수 있다. 먼저 이러한 상황이 아이의 잘못이 아니라는 점을 분명히 말해 주자. 그런 다음, 부모는 누구라도 결핍이 있는 사람이지만 우리의 진정한 부모는 완전하신 하나님 아버지라고 말해 주자. 내가 잘못 태어난 것이 아니라는 것, 부모의 이혼이 내가 부끄러워해야 할 것이 아니라는 것, 그리고 내가 하나님의 자녀인 것을 아이가 알게 되기까지는 시간이 필요할 것이다.

지금까지 아이를 잘못 기른 것 같다.
이제라도 돌이킬 수 있을까?

가장 늦은 때는 없다고 생각한다. 지금까지 아이를 잘못 양육했기에 그 아이가 잘못될 것이라고 생각하지 않는다. 왜냐하면 문제는 영원하지 않으며 하나님만이 영원하시기 때문이다. 하나님은 우리 각자를 향한 뜻과 계획을 가지고 계신다. 과거를 되돌릴 수는 없지만, 과거의 잘못을 회개하고 주님께 나아가면 주님은 새로운 길을 열어 주신다. 주님은 합력해서 선을 이루는 분이시다. 이제껏 잘못했으니 아이가 평생 잘못될 것이라고 포기하는 일은 원수 마귀가 가장 원하는 것이다.

우리의 실수에도 불구하고 여전히 역사하시는 주님에 대한 증거는 역사 속에 가득하다. 바로 오늘이 우리의 일상에 주님을 초대하기에 가장 좋은 날이며 아이의 문제를 주님께 물어보기에 가장 좋은 날이다.

어떻게 언제부터 교육해야 할까?
선행학습은 꼭 필요한 것일까?

온유는 스스로 한글을 제법 일찍 깨우쳤다. 하지만 우리는 2-3년간 맞춤법을 제대로 가르쳐 주지 않았다. 맞춤법이나 띄어쓰기는 학교에 들어가면 자연스레 알게 될 것이라 여겼기 때문이다. 우리는 아이가 사용하는 단어의 정확한 맞춤법을 가르쳐 주는 것보다 아이가 사용하는 말이나 단어의 뜻, 그리고 그 의미를 알려 주는 것이 의미 있다고 생각했다. 그래서 온유는 초등학교에 들어간 후에야 맞춤법과 띄어쓰기를 배우기 시작했다.

방과후 수업은 아이와 이야기를 나눈 후에 아이가 좋아하는 것을 위주로 선택하는데, 때론 부모가 원하는 것을 교육하기 위해 아이의 결정을 유도하기도 한다. 하지만 누가 시켜서가 아니라 스스로 결정해야 아이가 보다 책임감을 가지고 할 수 있다.

우리는 아이의 빈 시간을 교육으로만 채우려 하지 않는다. 온유와 소명이는 대부분의 시간을 여러 놀이를 하면서 보낸다. 자기들 이름의 앞 글자를 따서 온소 미술관, 온소

뮤지컬, 온소 방과후교실 등 입장권을 만들어 아빠 엄마에게 나눠 주면서 놀곤 한다. 결과적으로 소명이는 이 시간을 통해 한글을 배우게 되었다.

특별히 선행학습을 하려고 의도하지는 않았지만 아이들이 한글을 익히고 나니까 확장성이 생기는 장점이 있었다. 예를 들어, 아이들과 빙고게임이나 간판읽기 놀이를 할 수 있게 되었다. 성경을 암송할 때는 아이들끼리 서로 암송하고 확인해 줄 수 있게 되었고, 지금은 온 가족이 성경 구절을 번갈아 가며 읽을 수 있게 되었다.

아이의 미래를 위해
어떤 특별한 교육이 필요한 것일까?

온유는 책을 좋아하는 편이다. 그래서 집 근처 도서관에서 읽고 싶은 책들을 정기적으로 대여해서 읽는다. 집에 있으면 동생과 놀거나 책을 읽는데 초등학교 2학년 동안 400여 권의 책을 읽었다. 요즘은 과학 만화 같은 책만 읽고 싶어 해서 본인이 원하는 책을 읽기 전에 부모가 권하는 책을 먼저 읽는 미션을 주기도 한다.

옷을 많이 입어 본 사람이 옷을 잘 입는 경우가 많다. 이 옷 저 옷을 입으며 자기에게 잘 어울리는 스타일을 알게 되고 사람들로부터도 자주 피드백을 듣기 때문이다. 마찬가지로 여러 경험이 아이들의 소질과 장래를 찾는 데 좋은 기초가 된다. 아이가 성장하는 동안 재능을 잘 살피고 원하는 것이 있다면 교육의 기회를 제공해 주는 것이 좋다. 하지만 부모의 욕심으로 과도한 경험을 제공하려 들면 도리어 숨 쉴 틈 없는 환경을 아이에게 만들어 주게 될지 모른다.

우리도 온유가 영어를 잘했으면 하지만 일부러 의도하지는 않는다. 그래서 방과후 수업도 아이가 좋아하는 미술이나 공예로 선택했다. 아이의 미래에 영어가 중요한 것은 사실이지만 부모가 좋다고 해서 모두 부모의 뜻대로 배정해서는 안 된다.

아이가 잘되었으면 하는 마음이 늘 있지만 어렸을 때부터 아이의 스펙을 쌓는 것이 진정 아이를 위한 것이라고 생각하지 않는다. 아이들이 달려갈 인생은 생각보다 길 것이다. 그렇기 때문에 일찍 지치지 않도록, 자신의 페이스로 걸을 수 있도록 하는 것이 중요하다고 믿는다.

아이들끼리 심하게 싸우는데
어떻게 하면 함께 잘 지낼 수 있을까?

우리 아이들은 사이가 좋을 때는 잠잘 때도 손을 꼬옥 잡고 잔다. 때론 온유가 잠들어 있는 소명이를 쳐다보며 사랑스러운 눈빛을 보내기도 한다. 하지만 다툴 때는 서로 원수같이 대한다. 소명이는 사내아이처럼 짓궂게 누나를 대하고 누나는 누나대로 규칙을 만들어 소명이를 대한다. 그러다가 다투게 되면 원인 제공자가 누구든 상관없이 둘 다 혼난다. 혼나고 나면 둘은 마치 전쟁을 치른 동지처럼 친해진다. 그리고 그 혼난 경험 때문에 다투려 하다가도 장난스럽게 화해하곤 한다.

형제가 다툴 때는 많은 경우에 '불공평'이 그 원인이 된다. 그래서 우리는 더 힘이 있는 첫째에게 공평에 대해 자주 말하며 동생의 나이에서 입장 바꿔 생각해 보기, 물건은 공평하게 온유가 나눈 후 동생에게 고르게 하기 등을 실천하도록 하고 있다.

"제비 뽑는 것은 다툼을 그치게 하여 강한 자 사이에 해결

하게 하느니라." 잠 18:18

  생각하는 것처럼 천사를 대하듯 아이들을 상대하지는 않는다. 아이들은 부모의 권위에 복종해야 한다. 하지만 그 권위는 인격적이어야 하며 사랑이 담겨 있어야 한다.

  아이를 구석에 몰아넣으면 반성하고 돌아오는 것이 아니라 부모의 강압으로 인해 어쩔 수 없이 돌이키게 된다. 더 야단맞기 전에 피하는 것이다. 그러면 도리어 거짓을 말함으로써 모면하는 길을 가르치게 되는 셈이다.

  아이는 뒤집고 기어가다가 짚고 일어나고 걷는다. 이 여러 과정을 마치 없는 것처럼 생각하면 우리는 무리수를 던지게 된다. 아직 기지도 못하는 아이를 걷게 만들면 그 과정 동안 만들어져야 할 다른 영역은 성장을 멈추게 될 것이다.

Q & A

에필로그

막내 소명이가 잠을 자다가 며칠 연속으로 악몽을 꾸었다.
이후로 잠들기 전에 기도할 때마다 이 문장을 빼놓지 않는다.

"나쁜 꿈 꾸지 않게 해주시고
꿈에 예수님을 만나게 해주세요.
예수님을 만나고 싶어요."

아이는 피하고 싶은 두려움을 통해 두려움보다 크신 주님을
구하게 되었다. 그리고 기도하고 잠들 때마다 칭찬하곤 했더니
잠들기 전에 기도하는 것을 빼먹지 않게 되었다.

부모는 아이의 빈자리를 채우려 하지만 그 모든 결핍을 부모가
메울 수는 없다. 부모로서 어린 자녀에게 줄 수 있는 가장 큰
선물은 하나님을 만나는 기초를 만드는 일이라고 믿는다.
나는 아이들이 어린 시절부터 이렇게 기도했다.

"언젠가 주님의 때에 저희 아이들이
정말 인격적으로 예수님을 만나게 해주세요.

그때가 절망의 시간이 될지도 모르지만
그 시간을 통해 자신이 어떤 존재인지 알게 해주시고
그것으로 인해 주님이 어떤 분이신지 알게 해주세요."

성경은 많은 경우에 "인간은 절망과 무력함을 깨달은 후에야
주님으로 말미암는 구원을 만나게 된다"라고 말하고 있다.
내게도 가장 감사했던 시간은 내가 어떤 죄인인지 알게 된 그
광야의 시간이었다. 아이들 또한 어떤 결핍이나 고난, 절망 같은
상황을 통하여 자신이 어떤 존재인지, 그리고 하나님이 어떤
분이신지 알게 될 것이다. 부모로서 그 모습을 지켜보는 것이
안타깝겠지만 말이다.

아이들의 생애에 아무 일이 없기를 바라지만 당장 우리 인생을
돌아보아도 그런 일은 일어나지 않는다. 인생은 고해와도 같다.
하지만 그 인생 속에 예수님이라는 구원자를 만나게 되면 인생에
대한 반응과 태도가 달라진다. 샬롬은 아무 문제없는 것을 말하는
것이 아니라 전쟁과 폭풍 중에도 여전히 주님이 우리와 함께하심,
즉 그로 인한 평화를 말하는 것이기 때문이다.

다시 한 번 우리 가정을 열어 책을 쓰는 일은 용기가 필요했다.
그저 작은 평범한 일상 속에 주님을 초대한 흔적이기 때문이다.
육아에 대한 정답을 이 책에 적어 놓고 싶어서 주님께 물었다.

"주님, 제가 무엇을 말해야 할까요?"

육아와 다음 세대를 향한 마음을 품고 기도했지만 주님은 내게
무엇이 정답인지 대답해 주지 않으셨다. 정답 대신 삶의 길에서
고민하고 생각하고 기도한 것을 기억하고 나누라고 말씀하셨다.
고민하고 생각하고 기도했던 이야기를 나누게 되면 누군가는
그동안 생각하지 못했던 것을 생각하고 기도할 것이기 때문이다.
그것으로 내 역할은 충분하다. 나는 이 책의 원고에 손을 얹고
기도한다.

"주님이 제게 허락하신 이 책의 한 문장으로
한 사람이 주님을 바라볼 수 있다면 그것으로 기뻐하겠습니다.
아이를 바라보며 제게 주셨던 보석 같은 마음이
누군가의 마음에도 전해지게 해주세요."

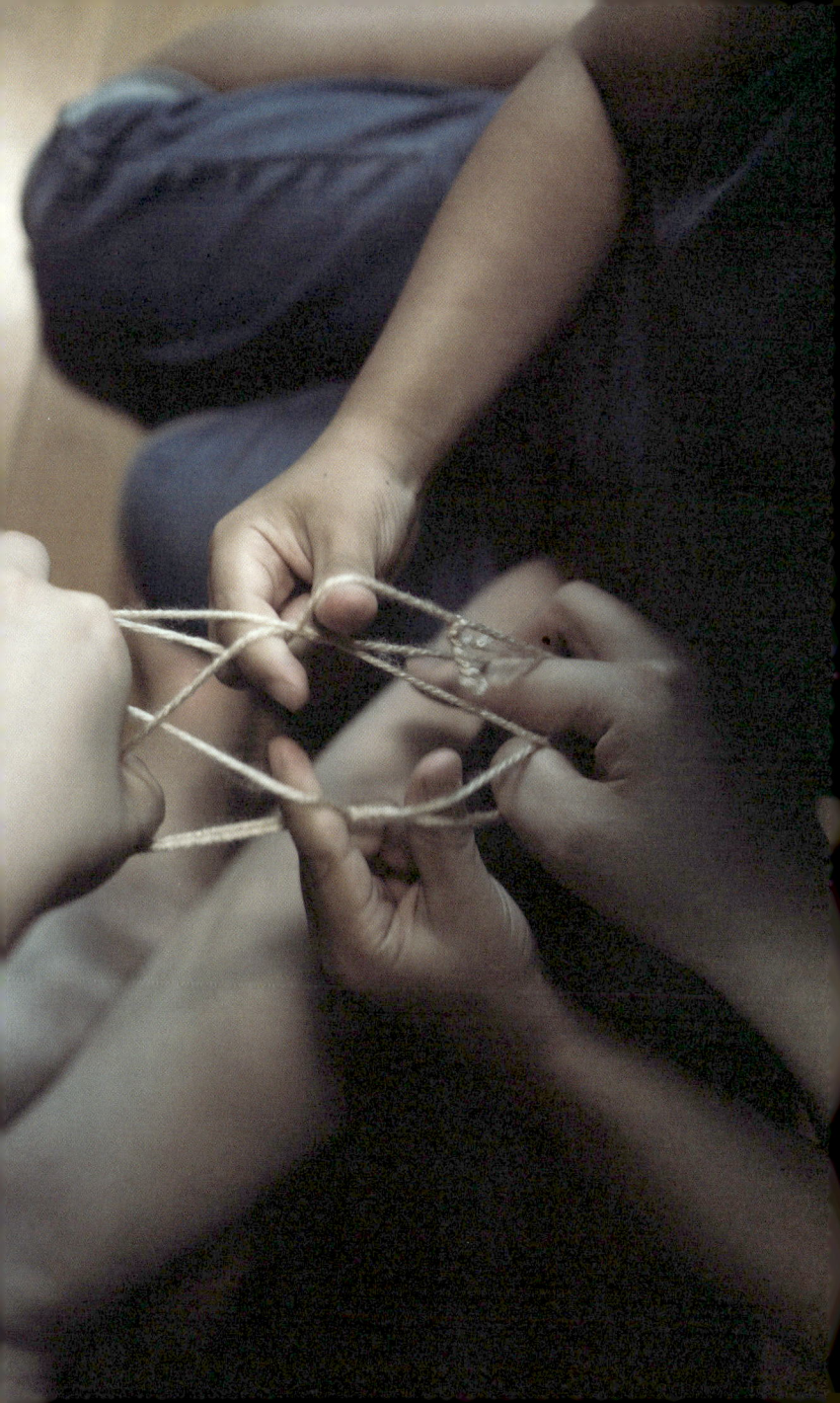

육아를 배우다(리커버 특별판)
ⓒ 이요셉, 2022

1판 1쇄	2017년 11월 15일
1판 4쇄	2019년 7월 25일
2판 1쇄	2022년 2월 28일

지은이	이요셉
발행인	조애신
책임편집	이소연
디자인	김수진, 임은미
마케팅	전필영, 고태석
경영지원	전두표

발행처	도서출판 토기장이
주소	서울시 마포구 망원로 26 토기장이 B/D 3F
출판등록	1998년 5월 29일 제1998-000070호
전화	(02) 3143-0400
팩스	(02) 3143-0646
이메일	tletter@hanmail.net
페이스북	www.facebook.com/togijangibook
인스타그램	@book.library.togi

ISBN	978-89-7782-464-5

- 이 책은 저작권 법에 따라 보호를 받는 저작물이므로 무단 전재와 무단 복제를 금합니다.
- 이 책의 전부 또는 일부를 이용하려면 반드시 저자와 도서출판 토기장이의 동의를 받아야 합니다.

도서출판 토기장이는 생명 있는 책만 만듭니다.
"우리는 진흙이요 주는 토기장이시니 우리는 다 주의 손으로 지으신 것이니이다" (이사야 64:8)

북마크 사용할 수 있습니다